DE LA LÉGISLATION

DES

COURS D'EAU

ET DES

FRAIS D'INGÉNIEUR.

Evreux, Imprimerie de A. Hérissey.

DE LA LÉGISLATION

DES

COURS D'EAU

DANS

LE DROIT FRANÇAIS ANCIEN

ET DANS

LE DROIT MODERNE ;

DE QUELLES AMÉLIORATIONS SERAIT-ELLE SUSCEPTIBLE ?

Ouvrage couronné par la Faculté de Droit de Caen,

SUIVI D'OBSERVATIONS

SUR LES

FRAIS D'INGÉNIEUR PRÉLEVÉS SUR LES RIVERAINS ;

Par M. Raymond BORDEAUX,

DOCTEUR EN DROIT.

PARIS,

ALPHONSE DELHOMME, LIBRAIRE,

RUE DU PONT-DE-LODI.

MAI 1849.

Ce volume est composé de deux opuscules distincts :

Le premier, dont le plan était tracé dans un programme mis au concours par la Faculté de Droit de Caen, est un exposé rapide de la législation des eaux, considérée surtout au point de vûe historique et critique.

Couronné en novembre 1847, ce travail allait être publié, suivant le désir exprimé par la Faculté, lorsque les événements politiques semblèrent mettre en question la législation tout entière.

L'auteur, différant de le mettre au jour, a profité de ce délai pour y faire quelques augmentations.

Mais, afin de ne pas altérer ce que la Faculté avait couronné, ces additions ont été rejetées dans des notes renfermées entre deux crochets [ ].

La seconde partie de ce volume embrasse un sujet moins général, mais tout à fait neuf. Sous le titre d'*Observations sur les frais d'ingénieur*, on trouvera révélée une plaie de la propriété riveraine, et la discussion de quelques questions intéressantes en matière de frais administratifs.

DE LA LÉGISLATION

DES

COURS D'EAU

DANS LE DROIT ANCIEN

ET DANS LE DROIT MODERNE ;

DE QUELLES AMÉLIORATIONS SERAIT-ELLE SUSCEPTIBLE ?

« Il a cru qu'il fallait prendre de cette
» manière chaque matière en particulier
» et faire des dissertations de chacune. »

Eusèbe DE LAURIÈRE.

« Jus anceps novi. »

HORAT.

DE LA LÉGISLATION
DES
COURS D'EAU
DANS
LE DROIT FRANÇAIS ANCIEN
ET DANS
LE DROIT MODERNE ;
DE QUELLES AMÉLIORATIONS SERAIT-ELLE SUSCEPTIBLE ?

1. Le titre même de cette dissertation est un programme que nous avons dû chercher à remplir. Faire connaître, d'une manière synthétique l'ensemble et les principaux caractères de notre législation sur les eaux, donner à grands traits, et autant que possible d'un point de vue nouveau, le résumé de ses principes fondamentaux, tracer largement, mais fidèlement, le tableau de son histoire, de ses avantages et

de ses défauts, mettre en évidence ses théories essentielles, sans s'arrêter à des détails qui ne peuvent être développés que dans des traités complets de la matière, voilà le cadre imposé à notre travail. C'est dire que les régions de la théorie nous ouvrent leurs espaces, que l'histoire et la philosophie du droit doivent nous y guider, que les témérités de la critique sont une des nécessités de notre position, que les rêves de l'utopie rentrent dans notre domaine. Nous avons ici à rappeler ce qu'ont été nos lois sur les eaux, ce qu'elles sont, ce qu'elles devraient être, ce qu'elles seront peut-être. Le passé, le présent, l'avenir de cette branche de notre législation, rempliront donc trois parties distinctes de cette esquisse. Dans la première partie, nous aurons l'histoire; dans la seconde, l'état actuel de notre *droit fluvial* [1], et c'est dans le dernier fragment que nous devrons surtout placer les projets d'amélioration.

[1] *Droit fluvial*, j'ai cru pouvoir hasarder cette expression nouvelle.

CONSIDÉRATIONS PRÉLIMINAIRES.

2. Avant de dérouler les successives transformations du droit sur les cours d'eau, arrêtons-nous à considérer ce qui fait la nature, l'essence même de l'objet que nous avons à étudier juridiquement. Et ensuite de cet examen, recherchons aussi quels usages l'homme a tirés et tire maintenant de cette partie de son domaine; car la nature même du service obtenu de chaque espèce de bien, a dû toujours influencer la législation. Nous aurons donc à voir en second lieu quel parti chaque siècle a tiré des eaux, et nous pourrons rattacher les phases successives de la législation fluviale à autant de principales découvertes concernant l'emploi de nos rivières.

3. En premier lieu, quelle est la nature juridique des cours d'eau? Pour comprendre leur valeur, il faut les considérer

sous plusieurs faces, distinguer le lit du liquide lui-même, le contenant de la masse contenue. Cette masse èlle-même a plusieurs caractères que le jurisconsulte envisage : sa mobilité, qui fait qu'elle change de lieu continuellement, sans cependant abandonner le lit dans lequel elle a roulé, puisqu'à chaque instant des molécules nouvelles sont venues remplacer celles qui sont déjà loin ; mobilité entraînante qui la rend à la fois et un moyen de transport et une force motrice ; mobilité qui n'existe toutefois que si le lit lui-même présente une pente. Cette masse servira à nos besoins, abreuvera les animaux et fertilisera les campagnes ; mais le lit qui la contient lui sera subordonné ; il ne pourra avoir d'autre utilité pour l'homme que de renfermer et de lui apporter une eau qui vient toujours et qui ne peut être retenue. Le sol du lit, abstraction faite de l'eau qui le recouvre, est à peu près stérile ; d'ordinaire, l'homme n'en peut rien retirer [1],

[1] C'est pour cela que la loi du 3 frimaire an VII a déclaré le lit des rivières non cotisable. (Arrêt de la C. d'Amiens du 28 janvier 1843.)

mais ce lit seul est fixe et immobile. Sa fixité n'est cependant pas absolue, et des variations et des déplacements qu'il éprouve naîtront de graves difficultés sur lesquelles la loi a à statuer. La civilisation moderne fait de la *pente* même sous laquelle s'écoule le fluide, un objet important et précieux, et le droit de nos jours se trouve avoir à considérer dans la rivière qui passe, trois grandes choses bien distinctes : le lit immobile, l'eau qui coule, la pente qui la fait s'échapper et qui la rend un puissant moteur.

4. Voyons en second lieu quelle influence les usages, successivement retirés des rivières, ont eu sur le droit lui-même.—Jusques à la chute totale de l'empire romain, l'eau courante ne fut guères affectée qu'à ses usages les plus naturels, abreuver les troupeaux, arroser les terres et servir à la navigation. Cet état de choses en quelque sorte primitif (puisque la navigation remonte à la plus haute antiquité) dut seul être envisagé par la législation, jusqu'au

temps où l'industrie humaine inventa de nouveaux moyens d'utiliser les eaux courantes. La première invention qui influença le droit sur ce point, fut celle des moulins à eau, invention dont la date première est très-controversée, mais qui n'a été répandue assurément que vers le moyen âge. Car si les Romains ont connu les moulins hydrauliques, ils n'ont jamais appliqué cette découverte d'une manière générale : le Digeste est aussi silencieux sur le fait des moulins à eau que la littérature romaine [1]. A une époque déjà avancée, il paraît que ces moulins devinrent assez communs : une loi relative à l'eau servant aux moulins publics apparaît dans le Code théodosien [2] : loi unique et isolée qu'on ne retrouve plus dans le recueil de Justinien, et qui reste le seul

[[1] M. Nadault de Buffon cite cependant dans son Traité des Usines, plusieurs passages fort peu explicites de Columelle, de Pline et de Varron.]

[2] Voyez MERLIN. Répertoire. V° *Moulin.*

[Basnage, sur l'article 210 de la Coutume de Normandie, entre aussi dans les plus grands détails sur l'origine des moulins et des roues à eau.]

monument où la législation impériale ait considéré l'eau comme force motrice. L'esclavage existait encore et jusqu'au moment où le moyen âge empêcha d'assimiler l'homme aux choses, on n'avait point songé à demander aux éléments la force d'impulsion que toute l'antiquité s'était accoutumée à demander aux esclaves. Le moyen âge, fertile en grandes découvertes, propagea les moulins à eau, et jeta à la fois les bases et de notre *droit fluvial* et de la science de l'hydraulique. Les moulins à vent, invention orientale dont les croisés dotèrent l'Europe, vinrent achever cette révolution. La multiplication des machines dans les temps modernes, l'invention d'une foule de moulins autres que ceux à blé, l'établissement de toutes les usines qui couvrent nos rivières, auraient rendu l'eau une force motrice d'un prix exorbitant, si l'application de la vapeur n'était heureusement survenue au moment où la possession de la pente des rivières allait devenir extrêmement disputée.

Telle est l'histoire de l'eau comme force motrice : on voit qu'à chacune de ses époques correspond une phase de notre droit fluvial. Ainsi notre vieux droit français s'occupe beaucoup des moulins : ainsi notre époque industrielle abonde en règlements d'eau, qui ont trop souvent favorisé l'usine aux dépens de l'agriculture : espérons qu'un jour l'emploi de la vapeur, d'une régularité si précieuse, contribuera à diminuer le nombre des conflits entre les intérêts divers qui se disputent les cours d'eau, en faisant moins rechercher la force irrégulière des rivières, et permettra ainsi de simplifier notre législation fluviale et de rendre à l'agriculture la possibilité de retirer de l'eau tous les services que cet élément est destiné avant tout à lui rendre [1].

[[1] « L'eau courante pour l'industrie manufacturière peut être » suppléée par la vapeur, par la force animale, quelquefois même » par celle du vent ; tandis que sous un climat chaud, le bienfait » de l'irrigation ne peut être remplacé ni compensé par rien. » (M. Nadault de Buffon, Traité des Irrigations, t. III, p. 450.)

La ville d'Elbeuf, devenue une cité populeuse de nos jours seulement, est un exemple frappant de la supériorité de l'emploi de la

5. Les Romains entendaient par navigation non-seulement celle qui se fait avec des bateaux, mais encore l'emploi des radeaux comme moyen de transport[2]. Ceci n'intéressait en rien la législation : le flottage proprement dit n'était pas connu. Ce nouvel emploi de l'eau courante, imaginé uniquement pour le transport des bois, ne remonte qu'à une époque peu reculée : ce qui explique à la fois et pourquoi nos anciennes lois sont muettes à l'endroit des rivières flottables, et pourquoi même l'ordonnance des eaux et forêts de 1669 ne distingue pas nettement ces rivières de celles qui sont en même temps navigables. C'est seulement en 1549 que le flottage fut inventé, et

vapeur, à laquelle elle doit son importance commerciale. N'ayant pas d'autre rivière que la Seine, dont on ne peut se servir pour faire marcher les usines, toutes ses manufactures vont par la vapeur et sont environnées d'une prospérité croissante ; tandis que Louviers, ville voisine, dont les métiers sont mis en mouvement par les belles chutes d'eau de la rivière d'Eure, n'a point visiblement augmenté.]

[2] Navigii appellatione etiam rates continentur : quià plerùmque et ratium usus necessarius est. D. 43, 12, *de fluminibus*, l. 1, § 14, *fr. Ulpian.*

cette date importante dans l'histoire de la législation des cours d'eau n'a encore été mise en relief par aucun des auteurs qui ont traité du droit des rivières [1]. L'historique du flottage a cependant de l'intérêt juridique, car lui seul peut révéler et la cause de la faveur avec laquelle cette invention fut accueillie, et la destinée probablement réservée par l'avenir à cette sorte de navigation imparfaite qui a fait entrer dans le domaine public un certain nombre de petites rivières, qui a grevé

[1] M. Daviel se borne, dans une courte note, à donner le nom d'un des inventeurs du flottage, Jean Rouvet, bourgeois de Paris, et renvoie au IIe volume de l'Encyclopédie, édition de 1751. — Nous avons trouvé de bons détails sur ce point historique dans le Dictionnaire du Commerce de SAVARY DES BRULONS, in-folio, v° *Bois*. [Jean Rouvet, Jean Tournouer et Nicolas Gobelin, furent les auteurs de l'invention, taxée d'abord de folie et qui ne fût perfectionnée qu'en 1566 par René Arnoul. Ce fut seulement à la fin du XVIIe siècle, qu'à Clamecy, on inventa les *nages* pour conduire et guider les trains. Le flottage, malgré sa décadence, a encore de l'importance dans le Nivernais, et Clamecy, sa véritable patrie, fit sculpter, il y a vingt ans, par le statuaire David, un buste de Jean Rouvet, à l'inauguration duquel M. Dupin prononça un discours. — Si M. Nadault de Buffon avait fait attention à ce point d'histoire, il n'aurait point cité une foule de textes romains, pour établir qu'un radeau et un bateau sont, au fond, choses identiques. Certes, lorsque Plaute, Horace, Pline, Phèdre, Virgile et le Digeste ont parlé de *radeaux*, ils ne songeaient nullement à des *trains de flottage*.]

les propriétés riveraines de servitudes onéreuses, et qui cause de nos jours, sans compensation suffisante pour le public, les préjudices les plus grands à l'industrie et à l'agriculture. Enfin depuis le moment où l'usage des moulins à eau devint général, l'introduction du flottage fut l'événement le plus marquant dans les lois fluviales.

6. Quelle influence l'application croissante de la vapeur aura-t-elle sur l'emploi futur des eaux courantes, et par contrecoup sur les lois qui nous occupent? Nous avons touché cette question il y a un instant, mais nous ne pouvons nous en occuper particulièrement sans nous jeter dans de hasardeuses hypothèses. Il suffit de remarquer ici que cette influence ne pourra que devenir puissante.

7. Parmi les causes qui agissent sur la législation, il ne faut jamais omettre l'action des mœurs et des besoins : ainsi les fortes croyances du moyen âge avaient

donné aux petites rivières un usage à peu près abandonné, celui d'alimenter les nombreux étangs qui couvraient autrefois la France, et qui « produisaient d'utiles revenus en fournissant aux besoins des populations le poisson nécessaire à la rigoureuse observance des jours maigres[1]. » Les coutumes avaient fait de l'établissement de ces réservoirs abandonnés depuis, un objet d'utilité publique, et le droit du moyen âge se prêtait à tout ce qui pouvait les favoriser. « Les textes de cette époque font à chaque instant mention de *piscariæ* établies sur des cours d'eau, dans les fleuves, ou par des retenues de ruisseaux, surtout par les monastères ou dans leur voisinage[2]. »

8. D'autres usages auxquels les cours d'eau ont été soumis à diverses époques n'ont pas influencé nos lois, et semblent au contraire avoir été le résultat de ce que permettait le droit d'alors. Ils n'ont pas

[1] CHAMPIONNIÈRE, de la Propriété des Eaux courantes, p. 611.

[2] CHAMPIONNIÈRE, *ibidem*.

été la cause du droit, ils en ont été seulement l'effet : ils ne l'ont pas précédé, ils l'ont seulement suivi. Cependant quoique leur rôle n'ait été que secondaire, l'existence de tel ou tel service obtenu des eaux courantes peut jeter du jour sur la législation de ces temps reculés. Nous citerons parmi ces emplois des rivières, le détournement d'un grand nombre de cours d'eau pour les usages de la guerre, pour alimenter les fossés des villes fortes et des châteaux [1] ; la création de grands canaux de navigation et d'arrosage dans les provinces du midi ; et d'autres travaux entrepris au moyen âge sur les cours d'eau, et qui entraînant de nombreuses expropriations [2], devaient déjà reposer sur le principe de l'utilité publique.

[[1] Par exemple, à Caen, le canal dit du Duc-Robert, et, dans le département de l'Eure, les bras forcés de l'Iton, longs de plusieurs lieues, creusés l'un par Guillaume-le-Bâtard, vers 1060, pour sa forteresse de Breteuil ; les autres par son fils, Henri Ier d'Angleterre, vers 1120, pour les fossés de la ville de Verneuil, qu'il venait de fonder.]

[[2] Les fontaines publiques d'un grand nombre de villes ont été établies à une époque déjà ancienne. — Provenant souvent de sources éloignées, leurs conduits traversent de nombreuses propriétés, qu'elles grèvent ainsi de servitudes d'aqueduc.]

9. Revenant aux choses qui ont influencé et en quelque sorte modelé notre droit fluvial, nous aurons à considérer non pas seulement les usages retirés de l'eau elle-même, mais encore l'influence non moins puissante des diverses révolutions du droit public. La féodalité d'abord qui domine toujours les questions si graves de la propriété des rivières; puis l'agrandissement incessant de l'autorité royale, et enfin les prétentions toujours croissantes du domaine, voilà surtout les influences que nous nous efforcerons de mettre en lumière dans l'exposé de notre ancien droit sur les cours d'eau, exposé que nous avons hâte d'aborder.

DE LA

LÉGISLATION DES COURS D'EAU

DANS

LE DROIT FRANÇAIS ANCIEN.

INDICATION DES TEXTES PRINCIPAUX.

10. Quoique, dans les temps antérieurs à la révolution de 1789, les matières administratives ne fussent guères distinguées du droit civil proprement dit, il existe sur le sujet qui nous occupe des textes spéciaux qu'il convient d'indiquer dès l'abord. Mais remarquons, avant de nous engager dans l'historique de notre droit fluvial, qu'il était intimement lié avec nos anciennes lois forestières, et que les *eaux* et *forêts* ont été soumises à la même juridiction dès l'origine de la monarchie. L'observation

faite par Etienne Pasquier [1] et par du Tillet, « que le mot *forest*, vieux bas-allemand, [2] » signifiant *deffens*, convenait aussi bien aux « eaues » qu'aux bois, a été souvent citée [3], et elle est corroborée par plusieurs textes du moyen âge. Ducange nous fait voir les vocables barbares *Foreste*, *Forestis*, signifiant des eaux où se trouve du poisson, et les locutions *foresta aquatica*, *foresta piscium* ne laissent aucun doute. La double acception de ces mots atteste les rapports que nos pères avaient trouvés entre deux choses si diverses, en se plaçant sans doute au point de vue de la jouissance et de ce que produisaient la chasse et la pêche. L'analogie juridique de ces choses, aussi bien que leur communauté philologique, n'avait pas échappé non plus aux auteurs du Dictionnaire de Trévoux : « On n'a fait (disent» ils) qu'une seule jurisdiction des eaux et

[1] Recherches de la France.

[2] Du Tillet, Recueil des Rois de France, p. 212.

[3] Voyez : Brillon, v° *Eaux* ;
Rives, de la Propriété des Rivières, p. 29 ;
Championnière, de la Propriété des Eaux courantes, p. 66.

» *forets*, parce que autrefois le mot de *forêt* » portoit aussi bien le droit d'exclusion » de pêcher dans la rivière, que de chasser » ou de couper du bois [1].» On ne sera donc pas étonné si les textes que nous donnons comme spéciaux sur le fait des cours d'eau sont pour la plupart communs aux eaux et aux forêts [2].

11. Voici en premier lieu l'indication d'ordonnances qui tiennent un rang notable parmi ces sources de notre droit :

La première de ces ordonnances a été faite sous le règne de Louis VI en 1215.

La seconde sous Philippe II en 1219.

La troisième sous Louis VIII en 1222.

La quatrième sous Philippe-le-Hardi en 1280.

[1] Cité aussi par M. Rives, p. 29.

[[2] Toute relation entre les cours d'eau et les forêts n'a pas cessé de nos jours, au moins au point de vue naturel. L'influence des grandes forêts placées aux environs des sources des rivières, quant à l'abondance et à la régularité des eaux, est généralement reconnue. On attribue au déboisement des montagnes, non-seulement les inondations qui deviennent si fréquentes, mais encore l'affaiblissement et surtout l'*étiage* ou décroissement estival des cours d'eau.]

La cinquième sous Philippe-le-Bel en 1291.

Louis X publia la sixième en 1316, et Philippe-le-Long la septième en 1318.

La huitième fut donnée par Philippe-le-Valois en 1340.

Jean-le-Bon, son fils, donna la neuvième en 1355.

La dixième est de Charles V en 1376.

La onzième de Charles VIII en 1485.

François Ier ajouta la douzième en 1515, et Henri II la treizième en 1547.

La quatorzième fut publiée sous François II par un édit du mois de mars 1558. (Ce fut la première qui distingua entre les rivières navigables et celles qui ne l'étaient pas.)

En 1575, Henri III fit paraître la seizième.

La dix-septième est du règne d'Henri IV en 1597.

La dix-huitième du règne de Louis XIII en 1611.

Enfin la dix-neuvième fut faite sous Louis XIV, par les soins de Colbert, en

1669 [1]. — C'est la plus fameuse de toutes ces ordonnances, et quoiqu'il ait paru depuis plusieurs édits et déclarations touchant les eaux et forêts, elle resta la dernière en vigueur. Quelques-unes de ces dispositions ont même survécu à la révolution et complètent le nouveau droit français.

Outre ces ordonnances, il existe une multitude d'édits, de déclarations et de règlements sur des faits particuliers de notre ancien droit fluvial ; mais, comme ce travail ne doit être qu'un sommaire et un résumé des faits les plus importants relatifs aux cours d'eau, on conçoit que nous nous tenions aux dix-neuf ordonnances que nous avons citées. Brillon, dans son Dictionnaire des Arrêts, v° *Eaux*, énumère fort longuement les ordonnances, édits, déclarations et règlements rendus sur le fait des eaux et forêts : nous nous bornons donc à y renvoyer [2].

[1] Cette énumération est empruntée au *Dictionnaire de droit et de pratique* de FERRIÈRES, v° Eaux. Voyez sur l'esprit de quelques-unes de ces ordonnances, M. CHAMPIONNIÈRE, p. 647.

[2] On peut aussi consulter SAINT-YON, *Recueil des édits et ordonnances concernant les eaux et forêts*, in-fol.

Enfin, « les règlements anciens sur la » police des rivières, émanés, soit du » Conseil du Roi, soit des assemblées » d'Etats, soit des Parlements, des Tréso- » riers de France, des Maîtrises des Eaux- » et-Forêts, des Amirautés, des Intendan- » ces des Provinces; en un mot de toute » autorité exerçant, sous l'ancien régime, » le pouvoir réglementaire, ces règlements » sont encore en vigueur, en tant qu'il n'y » a pas été dérogé depuis par les lois nou- » velles. » (Daviel, n° 251.)

12. Auprès de ces textes tout à fait particuliers à notre sujet, nous citerons quelques coutumes où se trouvent des titres dont la rubrique semble annoncer d'importantes dispositions relativement aux cours d'eau. Mais, chose singulière, la matière y a été envisagée d'un point de vue bien différent de celui où nous nous plaçons. Les moulins, par exemple, n'ont jamais été considérés qu'au point de vue de la bannalité féodale [1] et de la fabrication

[1] Bayonne, tit. 23, *des Moulins*.

de la farine; aussi les voit-on rapprochés des fours à cuire le pain [1], sur lesquels les seigneurs avaient d'ordinaire un droit de bannalité. « Des Moulins et Fours, » tel est l'intitulé d'un des titres de la coutume de Bourbonnais. Les étangs où l'on élevait le poisson sont rangés à côté des garennes destinées à la conservation du gibier, dans la coutume de Montargis, dont le sixième chapitre traite à la fois « d'Etangs et Garennes. » La coutume d'Orléans parle au chapitre VII « des Garennes et Coulombiers » et au huitième « de Estangs et droits d'iceux ». La chasse et la pêche (considération principale alors en matière de cours d'eau) qui avaient fait réunir les eaux et les forêts, comme nous l'avons déjà vu, étaient le motif de cette seconde assimilation. — Moulins et fours, deux choses bannales, qui procuraient le prélèvement d'un droit au seigneur bannier : étangs et garennes, deux sources de l'alimentation publique; ces choses si di-

[1] Chasteau-Meillan, tit. 9 et 10.

verses d'ailleurs s'alliaient ensemble dans d'autres coutumes. La coutume de Bretagne a un titre « des Moulins, Coulombiers, Garennes, etc. » et celle de Marche une rubrique de « Moulins, Fours et Estangs. » Le titre 16 de la coutume de Berry s'occupe « des Moulins et Musniers, Rivières et Estangs. » Mais le chapitre 16 de Nivernais parle simplement « des Eaues, Rivières et Estangs », et le chapitre 20 de Blois « d'Estangs » seulement. Toutefois la production du poisson, cette source de richesse publique, tarie pour notre époque, y est toujours envisagée principalement.

Mais nulle part les auteurs des coutumes ne paraissent avoir songé aux questions de propriété des cours d'eau[1], d'irrigations, de retenue en faveur des usines. Les intérêts de l'agriculture, de l'industrie, de la propriété ne semblent pas

[[1] Pas même l'article 206 de la Coutume de Normandie, province où cependant les rivières étaient réputées appartenir aux seigneurs des fiefs. Il est vrai toutefois que le chapitre X de l'ancien Coutumier : *De Seneschal au Duc*, était plus explicite. — Voyez aussi l'article 182 de la Coutume de Meaux.]

même avoir été pressentis par eux : ils sont restés silencieux sur toutes les questions qui s'agitent à notre époque. A peine trouve-t-on dans les quatre énormes in-folio du Coutumier général un seul texte réglant la conduite de l'eau des moulins : encore est-ce une déclaration royale rendue pour la Provence, ce pays où de tout temps l'eau a eu une inappréciable valeur[1]. Il faut ajouter que la majorité des coutumes ne disent rien sur les eaux, et qu'un grand nombre qui s'inquiètent des étangs, sont restées silencieuses sur le fait des eaux courantes. Nous savons déjà que la cause de cette préférence pour les étangs, vient de la grande faveur dont était entourée la production du poisson au moyen âge. Cette faveur était si grande que la plupart des anciennes ordonnances citées plus haut s'occupent presqu'autant de l'entretien et du gouvernement des étangs du roi que

[1] Déclaration du Roy du 20 mai 1547, registrée le 20 octobre suivant au Parlement d'Aix, portant règlement pour la conduite de l'eau des moulins. *Coutumier général*, t. II, p. 1218.

de la conservation et de l'aménagement des forêts. Les officiers des eaux et forêts devaient veiller à la conservation du poisson et tenir la main à ce que les étangs, eaux et rivières du roi fussent peuplées convenablement[1]. Et d'une autre part ces ordonnances s'occupent rarement de la navigation, et seulement pour de très-grandes rivières, la Seine, la Loire par exemple. On dira peut-être à cela, que nous aussi, au XIXe siècle, nous possédons un Code de la pêche fluviale, et que nous n'avons sur toutes les graves questions qui naissent à l'occasion des cours d'eau, qu'une législation incomplète et en désordre.

13. Il nous faut donc suppléer au silence des coutumes et des ordonnances

[[1] Au Congrès central d'Agriculture, on s'est plaint beaucoup des étangs qui subsistent encore : M. Moll, le célèbre agronome, proposait même de solliciter du gouvernement l'aggravation des impôts qui frappent ces propriétés, afin de dégoûter de leur possession et d'en amener l'anéantissement. C'eût été un moyen rigoureux : l'abus des étangs dans un ou deux parages, la Sologne par exemple, ne saurait jamais justifier la mise hors la loi des propriétaires d'étangs du reste de la France.]

par l'examen des autres monuments de notre histoire. Les textes les plus anciens, antérieurs à la rédaction des coutumes, révèlent par certains passages quel fut l'état des rivières sous les époques franque et féodale. Cet ancien état de choses est intéressant à connaître, parce qu'il fait surtout comprendre la portée des innovations qui furent introduites peu à peu à partir du XVIe siècle, jusqu'au moment où l'ordonnance de 1669 proclama hardiment la domanialité des « rivières portant bateaux de leur fond, » domanialité qui fut postérieurement étendue aux rivières simplement flottables, dont l'ordonnance de 1669 réglait déjà la police.

ÉPOQUES SUCCESSIVES DU DROIT DES RIVIÈRES.

14. C'est un fait généralement admis, que sous les Romains et jusqu'à la chute de l'empire, les cours d'eau *pérennes*, c'est-à-dire non sujets à tarir, étaient des choses publiques [1]. Il paraît que malgré ce caractère, ils furent souvent usurpés par les grands, et englobés dans les vastes *latifundia* du temps de la décadence. Sénèque le philosophe en est un sûr garant dans sa lettre 89, où se trouve cette apostrophe à ceux qui s'arrachaient les lambeaux de l'Etat : *Quousque fines possessionum propagabitis?....... quousque arationes vestras porrigetis?...* ILLUSTRIUM FLUMINUM PER PRIVATUM DECURSUS *et* AMNI MAGNI, *magnarumque gentium termini* USQUE AD OSTIUM, A FONTE VESTRI SUNT [2].

[1] Voyez toutefois M. CHAMPIONNIÈRE, de la Propriété des Eaux, ch. III.

[2] *Apud* GIRAUD, de la Propriété chez les Romains, et CHAMPIONNIÈRE, *loco citato*.

15. Les rois francs qui héritèrent des débris du fisc romain, achevèrent, par leurs aliénations de mettre les cours d'eau aux mains des particuliers. Childebert Ier donne à l'abbaye de St-Vincent, depuis St-Germain-des-Prés, une partie de la Seine : en 780, Charlemagne abandonne à la cathédrale d'Utrecht une rivière nommée *Lecca* [1]. L'art. 24 de la loi salique fait voir que les moulins étaient des propriétés privées [2]. Plus tard, en 1154, Henri II, roi d'Angleterre et duc de Normandie, confirme par une charte une donation antérieure faite aux moines de Jumièges, de la rivière de Seine, dans une étendue considérable [3]. En 1159, Louis-le-Jeune donne à l'abbaye de St-Magloire, la propriété d'une notable partie de la Seine [4]. En 1303, l'évêque de Viviers, son chapitre et les habitants sont

[1] Rives, de la Propriété des Rivières, p. 27.

[2] Championnière, *ibid.*, p. 613.

[3] Daviel, Traité des Cours d'Eau, n° 29.

[4] Rives, p. 33.

reconnus par le roi, propriétaires en FRANC-ALLEU, d'une portion du Rhône [1]. Les seigneurs de Tancarville avaient aussi la propriété d'une partie de la basse Seine. Ainsi, ces quelques exemples établissent suffisamment le caractère privé de tous les cours d'eau, depuis l'origine de la monarchie, jusqu'à une époque assez avancée.

16. L'établissement de la féodalité n'avait rien changé à ce principe : les sei-

[1] RIVES, p. 35 ;
CHAMPIONNIÈRE, p. 647 ;
Ordon. Collect. du Louvre, t. VII, p. 7 ;
ISAMBERT, t. II, p. 855.

[Il serait facile de faire l'établissement de la propriété de la Seine en montrant les communautés et les particuliers acquérir et fieffer des portions notables de ce fleuve pendant les XIe, XIIe et XIIIe siècles. Un antiquaire versé dans la connaissance des archives normandes, M. Bonnin, nous a cité plus d'un document à l'appui de ce que nous avançons ici. Par exemple, l'Inventaire des titres de l'abbaye de Bonport, près de Pont-de-l'Arche (1783, 3 volumes in-folio, aux archives de l'Eure), renferme, sous la rubrique significative de *Fief de l'Eau*, l'énumération d'un nombre infini de titres relatifs soit à la propriété de la Seine même, soit au moins au domaine direct ou utile des îles, îlots, *mottes, motelles, ails* et *motillons,* joncs, sables, gords, *quedelières,* pêcheries, moulins, etc., qui appartenaient aux religieux, ou pour lesquels ils recevaient aveu.]

gneurs féodaux furent propriétaires des rivières qui coulaient sur leurs terres. Les seigneurs justiciers étendirent au contraire leurs droits par des usurpations, en faisant naître par exemple les droits prohibitifs qui constituaient les bannalités, et les usages les plus précieux, les plus productifs des cours d'eau consistèrent dans le droit exclusif de pêche, dans les péages, les droits de bac, de passage, de pontonnage si répandus au moyen âge.

On ne distinguait pas encore entre les rivières navigables et celles qui ne le sont pas. Cet état de choses s'est conservé jusqu'à nos jours en Angleterre, où toutes les rivières *d'eau douce*, qu'elles soient navigables ou non, appartiennent de droit commun aux particuliers : le roi ne pouvant en avoir la propriété que par exception [1].

[1] Ceci est consacré par deux articles précis de la grande Charte. Si les rivières navigables sont appelées quelquefois en Angleterre *fluvii regales, haut-streames-le-Roy,* c'est seulement parce que le roi a sur elles un droit de surveillance. Voyez DAVIEL, *de la Législation et de la Pratique des Cours d'Eau*, nº 38.

17. Mais en France, dès le XIVe siècle, la royauté s'efforça d'attirer les grandes rivières dans son domaine, et dès lors l'histoire complète des cours d'eau serait celle du fisc. Les eaux avaient été associées aux forêts; les moulins l'étaient aux étangs, aux fours et autres bannalités : de même les grands cours d'eau allaient être assimilés aux grands chemins et enlevés comme eux peu à peu aux seigneurs des terres. La maxime que Loisel écrivit plus tard, commençait à être vraie : «Les grands » chemins et rivières navigables appar» tiennent au roi[1]. » Cependant, jusqu'à l'ordonnance de 1558, aucune distinction de droit public n'exista entre les grandes et les petites rivières : il faut voir dans le savant ouvrage de M. Championnière, n° 379, les curieux développements de cette vérité, proclamée aussi par M. Rives, page 40.

Pour en arriver là, il avait fallu lutter,

[1] Loisel, *Institutes coutumières*, liv. 2, tit. 2, règle 3.

et la royauté avait été jusqu'à employer la force. C'est là ce qui explique ce fait rapporté par Juvénal des Ursins dans son histoire de Charles VI, qu'en 1388 le garde de la prévôté des marchands pour le roi, fit détruire tous les établissements de pêcheries et de moulins possédés par les seigneurs sur la rivière de Marne, parce que ces établissements nuisaient à la navigation. Cette exécution se fit en une nuit et par surprise [1], lorsque les propriétaires de moulins étaient en instance devant le parlement pour faire valoir leurs droits particuliers contre un arrêt général sur *la police* de la navigation. « Lesquels » il falloit nécessairement ouyir, » dit Pasquier, « selon les règles communes et » ordinaires de la Iustice. » La violence fut commise « pendant que les autres s'amu- » soient aux procédures du Palais. » Pasquier avoue que « cette entreprise hardie

[1] Nous savons qu'Estienne PASQUIER (*Recherches*, liv. VI, ch. 37), applaudit; que M. DAVIEL (n° 346), M. DUFOUR (n° 1086), et tous les auteurs qui ont répété ce fait d'histoire, trouvent que « le droit du roi était incontestable, » et que c'était là « PLOYER les seigneurs à l'EXÉCUTION DES LOIS. » (Daviel.)

» offença aucunement le Parlement qui se » disoit auoir esté par ce moyen vili- » pendé. » En fin de tout, il fallut que les particuliers se contentassent « auec le » temps par argent qui leur fut baillé au » lieu de leurs héritages [1]. »

Le domaine public et le domaine privé étant restés confondus pendant des siècles, les rois, sur les rivières qu'ils possédaient, concédaient gratuitement ou pour une somme d'argent, mais à perpétuité, le droit d'établir des usines ou de faire des prises d'eau. Ces aliénations constituaient et constituent encore de véritables propriétés. Mais l'édit de 1556, qui fait époque, empêcha de consentir dorénavant de pareilles concessions. L'édit de 1556 avait proclamé, en effet, d'une manière dé-

[1] C'est Pasquier qui parle : Juvénal des Ursins nous apprend en outre « que le Roy vouloit qu'ils fussent récompensez pour vn » denier de revenu, de dix...... et voulussent ou non, fallut » que de vn denier de dommage, qu'ils y pouvoient auoir, preins- » sent dix, et il leur feut permis de faire des moulins et gords, » tellement que le nauigaige des vaisseaux ne feust point empes- » ché. » (Jean JUVÉNAL, Histoire du Roy Charles VI, page 87, première édition, 1614, in-4o.) »

finitive l'*inaliénabilité* du domaine royal. Depuis ce temps, toutes les concessions nouvelles sur les rivières domaniales sont précaires et révocables; elles ne constituent point un droit de propriété, ni une servitude. Il y eut cependant, depuis l'édit de 1556, des concessions qui violaient le principe de l'inaliénabilité, mais elles sont réputées abusives, et on ne tient aucun compte des clauses qui seraient contraires au principe de l'édit.

18. L'ordonnance de 1669, autre grande époque dans l'histoire du droit fluvial, mit la clef de voûte au système; elle ordonna la destruction des entreprises non autorisées sur les rivières navigables. Elle fut mollement exécutée : l'empire des anciennes habitudes poussait à la tolérance. Ce fut seulement l'arrêté du 19 nivôse an VI, qui porta le dernier coup, en rappelant les dispositions de 1669. Enfin, dans les derniers temps de l'ancienne monarchie, on toléra aux seigneurs bien des prétentions dont le domaine devait pro-

fiter plus tard : c'est ainsi que furent attirées peu à peu vers le domaine public les rivières flottables, dont les seigneurs avaient tout récemment organisé la flottabilité ; car les rivières flottables n'ont été définitivement et nettement proclamées du domaine public que par le Code civil, la loi du 6 octobre 1791 sur la police rurale, ne statuant que d'une manière assez obscure sur leur propriété, et l'article 2 de la loi du 22 novembre — 1er décembre 1790, sur lequel on a calqué au reste l'article 538 du Code, ne nommant encore que les seules rivières *navigables* [1]. —

[1] On a souvent répété que l'ordonnance de 1669 avait déclaré domaniales les rivières flottables. Je n'en trouve la preuve nulle part. L'ordonnance qui parle souvent en effet des rivières navigables et *flottables,* ne déclare (article 41, tit. 27) du domaine de la couronne, que les fleuves et rivières PORTANT BATEAUX *de leur fonds*...... Tous les articles qui nomment à la fois les rivières navigables et les rivières flottables ne renferment que des dispositions de police, sans statuer sur la propriété.

[M. GARNIER, l'un des auteurs les plus estimables sur les cours d'eau, paraît entr'autres être tombé dans cette confusion (tome I, page 51). M. NADAULT DE BUFFON y est tombé complètement. Voulant justifier l'emploi de la locution simple de *rivières navigables* qu'il adopte, pour comprendre à la fois toutes les rivières domaniales, au lieu de l'expression *navigables ou flottables,* partout consacrée, il invoque l'exemple des anciennes ordonnances, disant

C'est ainsi encore que les derniers feudistes qui écrivirent aux approches de la révolution, s'efforcèrent de donner comme le droit commun de la France, l'opinion enseignée par certains auteurs, et consacrée en partie par quelques coutumes, que les seigneurs étaient propriétaires des petites rivières, de même que le roi l'était des grands cours d'eau.

Tel est le système historique qui nous paraît le plus vrai, mais placés entre deux catégories d'auteurs également passionnés, les ennemis et les défenseurs du fisc, nous ne nous dissimulons pas l'extrême diffi-

qu'elles se servent indistinctement de l'expression de *navigable* et de l'expression de *navigable et flottable*. (Des Usines, tome I, page 242 et suivantes.) Ces expressions sont cependant profondément distinctes, et elles ont été employées dans l'ordonnance de 1669 d'une manière différente, selon qu'on statuait sur la propriété ou sur la police. PROUD'HON (Traité du Domaine Public, tome III, no 864) avait proclamé cette vérité, mais d'une manière exagérée, en l'appliquant jusques sous l'empire du Code civil. Sur ce point, M. Nadault combat avec grande raison toutes les conséquences actuelles données à un principe abrogé. Ces deux auteurs se sont donc mis tous deux en dehors du vrai, mais en sens inverse : M. Nadault en donnant rétroactivement à l'ordonnance de Louis XIV le sens du Code civil, et en prêtant ainsi au vieux législateur l'esprit du législateur moderne ; Proud'hon en perpétuant au contraire sous le Code civil des restrictions désormais effacées.]

culté du sujet, traité récemment par deux savants jurisconsultes, MM. Rives et Championnière, dont il faut comparer les ouvrages, écrits tous deux à un point de vue bien différent.

DES ANCIENNES JURIDICTIONS EN MATIÈRE DE COURS D'EAU.

19. Les premiers officiers chargés des eaux et forêts qu'on rencontre à une époque lointaine, furent les *forestarii regii*, que Flodoard, auteur au Xe siècle d'une histoire de Rheims, appelait *custodes regii saltûs*, et sur la destinée ultérieure desquels on n'a que d'imparfaits renseignements.

Une autre création d'officiers des eaux et forêts fut faite par Louis VIII dans l'ordonnance de 1222.

Puis à la fin du XIIIe siècle, on vit apparaître pour la première fois le grand-maître des eaux et forêts, institué par Philippe-le-Bel.

Il n'y eut d'abord qu'une seule maîtrise des eaux et forêts, mais bientôt cette juridiction fut démembrée, et de nouvelles maîtrises vinrent partager sa primitive étendue, à mesure que l'autorite royale grandissait sur les rivières. Au moment où la révolution fit table rase de toutes nos anciennes institutions, on comptait en France dix-sept grands-maîtres des eaux et forêts, institués par les édits de février 1689 et mars 1703 [1]. Chaque grand-maître avait un département séparé où il devait faire de fréquentes visites, et dans le cours de ces inspections, il était juge du contentieux : on appelait de ses sentences au parlement.

20. Il y avait aussi auprès de chaque parlement une chambre des eaux et forêts, qui, dans plusieurs grandes villes, Rouen, Paris, était connue sous le nom de Table-de-Marbre[2]. Un édit de février 1704 avait donné à ces tribunaux leur dernière organisation. Le grand-maître des eaux et forêts en faisait partie : elles

[1] La Bibliothèque Historique de la France, par le P. LELONG, p. 709, cite les auteurs qui ont travaillé à l'histoire des Grands-Maîtres des Eaux-et-Forêts.

[2] Le siége de la Table-de-Marbre de Rouen a été supprimé par édit du mois d'avril 1772 ; il avait été établi pour la première fois sous Henri II, en 1554.

se composaient en outre d'un lieutenant général, d'un lieutenant particulier, de plusieurs conseillers, d'un procureur et d'un avocat généraux. Quoiqu'en plusieurs points leurs sentences fussent soumises à l'appel au parlement, les Tables-de-Marbre étaient la plus haute juridiction en matière d'eaux et forêts. Au-dessous d'elles s'échelonnaient une foule de juridictions et d'officiers inférieurs : les maîtrises et les maîtres particuliers, les grueries et les gruyers, établis dans les lieux éloignés pour le soulagement des maîtres particuliers. Il y avait des grueries royales et des grueries seigneuriales [1]. En outre, les maîtres particuliers, ou leurs lieutenants, devaient tenir deux fois l'an des assises ou hauts-jours, où étaient tenus d'assister tous les officiers des maîtrises, grueries et grairies royales [2]. Ces

[1] Sur les grueries seigneuriales, voyez le *Traité des Grueries seigneuriales*, par J. Henriquez. Paris, Nyon, 1786, in-12. Ce volume ne contient au reste que peu de chose sur la matière des eaux.

[2] Commentaire de Jousse sur l'ordonnance de 1669, titre XII, art. 1er.

juridictions dont nous ne pouvons esquisser qu'à peine l'organisation[1], étaient composées de plusieurs juges, assistés d'un greffier et d'un procureur du roi. Leur compétence en fait d'eaux courantes était restreinte aux seules rivières navigables et flottables[2], mais elles connaissaient sur ces rivières de toutes actions relatives à la navigation, au flottage, aux droits de pêche, passage, pontonnage, etc., aux bacs et bateaux, *espaves sur l'eau*, construction et démolition d'écluse, gords, *pescheries* et moulins, *visitations* de poissons et filets, etc.; îles, îlots, attérissements et curage des rivières royales[3]. Cette compétence était au reste restreinte par la juridiction des prévôts des marchands de certaines villes. Car la hiérarchie que nous venons d'exposer, souffrait des irrégularités qui en détruisaient l'uniformité, et

[1] Voyez au reste l'ordonn. de 1669.

[[2] Si le Roi n'était pas propriétaire des rivières flottables, il en avait cependant la police, comme aujourd'hui la couronne d'Angleterre a la police des rivières navigables, et chez nous, l'administration celle de toutes les rivières.]

[3] Ordonn. de 1669, art. 3 et 4.

admettait des modifications accordées aux usages, aux libertés, aux besoins de chaque province. La Normandie particulièrement en présentait un exemple fort remarquable. Nous voulons parler de la vicomté de l'Eau. Cette juridiction tout-à-fait spéciale à notre sujet, et qui était en dehors de l'organisation des eaux et forêts, était l'une des plus importantes de la ville de Rouen. Elle passait pour avoir été primitivement la seule justice de la ville et on la regardait comme la plus ancienne assurément. Sans rechercher ici son origine, on peut remarquer qu'il existe des sentences du vicomte de l'Eau qui remontent au commencement du XIIIe siècle, et qu'on trouve à Londres une juridiction toute semblable, et du même nom[1].

21. Le vicomte de l'Eau qui subsista jusqu'à la révolution se qualifiait conseiller du Roi, vicomte de l'Eau à Rouen, juge

[[1] M. Bonnin nous a aussi signalé la vicomté de l'Eau de la ville de Harfleur : elle est fort peu connue.]

politique, civil et criminel par la rivière de Seine. Il connaissait des crimes commis sur l'eau, et sa compétence s'étendait sur quelques rivières voisines de la Seine, telles que l'Eure et l'Iton. Il avait au-dessous de lui un officier spécial nommé «Plancager», chargé de la conservation des chemins de halage le long desdites rivières; et outre le plancager, plusieurs autres officiers. Sa juridiction touchait en plusieurs points à celle de l'Amirauté, spéciale pour le port et la marine : ce qui faisait naître quelquefois des conflits. Enfin ce qui rend surtout la vicomté de l'Eau intéressante au point de vue de l'histoire juridique, c'est qu'on y suivait un très-ancien Coutumier, plein de dispositions singulières, et qu'on appelait la Coutume de la Vicomté de l'Eau [1] : le vicomte, en outre, avait le pouvoir de faire des règlements.

[1] Quoique BASNAGE et après lui PESNELLE et LA TOURNERIE aient parlé du vicomte de l'Eau dans leurs commentaires sur la Coutume de Normandie, au titre *de Jurisdiction*, c'est dans FARIN (Histoire de Rouen, tome II de la dernière édition) qu'on trouve les

Quant aux vicomtes ordinaires, qui jugeaient dans les principales villes, la coutume de Normandie leur donnait encore

plus abondants renseignements. Voyez aussi les arrêts de Frolland, [et quelques *vidymus* émanés de Roger Mustel, vicomte de l'Eau au XVe siècle, publiés par M. Chéruel dans les pièces justificatives de son *Histoire de Rouen sous la domination anglaise* (Rouen, 1840, in-8°). — C'est sans aucune preuve certaine que l'auteur du *Flambeau Astronomique de Rouen, Calendrier Royal....* donnait chaque année, en tête du personnel de la vicomté de l'Eau, la date précise de 1150 comme celle de la création de cette juridiction. — Peut-être même le vicomte de l'Eau n'était-il que le continuateur de quelque *curator aquarum* gallo-romain ? — Quant au Coutumier de la Vicomté de l'Eau, imprimé avec un commentaire et aujourd'hui très-rare, son intitulé fait voir qu'il a pour objet les coutumes ou taxes qui frappaient les marchandises : mais il fournit des données sur la législation fluviale. Voici le titre exact de ce rare volume in-12 : « Le Covstvmier des anciens Droits devbs av Roy, qui se perçoiuent au Bureau de la grande et petite Ferme de la vicomté de l'Eau de Roüen, à cause des marchandises venans, entrans, et sortans hors de la ville et banlieüe d'icelle ; pour les marchands forains qui doivent coustume. *Auec la vraye interpretation et explication des droits et usages dudit Coustumier, en langage plus intelligible, au-dessous de chacune article.* Par M. Germain de la Tovr, Controlleur et garde des Bleds en cette Ville de Roüen. A Roven, de l'Imprimerie de Iean Viret, Impr. ord. du Roy, au haut des degrez du Palais. m. dc. lxxi., » 138 pages in-12.

Il existe de ce Coutumier, mais sans le commentaire, plusieurs manuscrits de diverses époques. La bibliothèque de Rouen en possède trois, et on en trouve un du XIIIe siècle à la bibliothèque nationale à Paris. — Enfin des archives de cette vicomté de l'Eau, il ne subsiste plus qu'environ 25 registres du commencement du XVIIe siècle, entassés dans un dépôt du greffe de la Cour de Rouen, et à peu près inabordables.]

une compétence sur notre sujet, en les chargeant, dans son art. IX, de « faire tenir le cours des eaux et rivières en leur ancien état. »

22. Nous craignons d'avoir trop insisté sur ces juridictions, mais la place si large qu'on peut s'étonner de voir occuper par quelques-unes dans nos vieux textes, doit nous servir d'excuses. Nous devons encore, avant de terminer ces recherches historiques, mettre en évidence une particularité très-digne d'attention, à savoir : qu'aucune de ces juridictions ne jugeait à huis-clos, et que la justice qu'on y rendait avait été de tout temps environnée de la salutaire publicité de l'audience [1].

[[1] On sait que notre conseil d'Etat actuel ne juge publiquement que depuis la révolution de 1830, et que les conseils de préfecture, qui connaissent des cours d'eau en plusieurs cas, sont encore des tribunaux secrets.]

DE LA

LÉGISLATION DES COURS D'EAU

DANS

LE DROIT FRANÇAIS MODERNE.

DIVERSES ESPÈCES DE COURS D'EAU.

23. Les jurisconsultes romains divisaient les cours d'eau, *flumina*, en pérennes ou continus et en non-pérennes ou temporaires ; ils distinguaient aussi les *flumina publica* des *flumina privata*. Et on peut dire que ces deux divisions rentraient à peu près l'une dans l'autre. On a vu qu'en France, après avoir longtemps confondu les eaux de toute espèce, on sépara, quant à la police d'abord, et ensuite quant à la propriété, les rivières

navigables, des rivières non navigables. C'est encore cette division générale qui prévaut sous le droit actuel : la loi range dans la même catégorie les rivières navigables et celles flottables à trains, puis dans une seconde catégorie, les cours d'eau non navigables ni flottables. Quoique le caractère purement négatif de cette seconde espèce d'eaux courantes ne permette guères de subdivisions légales, des auteurs veulent distinguer, au profit de l'Etat, les rivières et les gros ruisseaux, des simples sources qui naissent sur un fonds, malgré la difficulté de limiter et de trancher, en l'absence de textes, chacune de ces sous-espèces..... Quant aux eaux pluviales, aux torrents, à toutes les eaux temporaires et non-pérennes, elles ont été jusque ici trop peu utilisées pour entrer dans un travail juridique : disons toutefois qu'essentiellement susceptibles d'une possession privée, les auteurs de la loi sur les irrigations n'ont pas manqué de les prendre en considération, en vue surtout de l'utilité qu'une agriculture perfectionnée pourrait retirer de ces eaux ordinairement troubles et fertilisantes [1].

[[1] « Dans quelques départements du Limousin, et notamment » dans la Corrèze et la Haute-Vienne, on aménage les eaux qui » tombent sur les grandes routes pour l'irrigation des terrains, et on » obtient d'excellents résultats. » M. BERTON, au Congrès central d'Agriculture, session de 1844, p. 83.]

DES COURS D'EAU NAVIGABLES ET FLOTTABLES.

24. Le législateur et les jurisconsultes s'étant beaucoup plus occupés des grandes rivières que des autres, le droit s'est plus vite formé à leur égard. On peut dire que c'est maintenant la partie de notre législation fluviale qui présente le moins d'obscurité, et cela tient sans doute aussi à ce que l'article 538 du Code civil a déclaré à qui ces cours d'eau appartenaient. Cette attribution de propriété a fourni un excellent point de départ pour le droit nouveau, en même temps qu'elle résumait tout ce qui avait été disposé ou enseigné auparavant, en tranchant les difficultés de détail.

C'est donc un principe écrit dans la loi, en termes formels, que les rivières navigables ou flottables sont une dépendance du domaine public. (Code civil, art. 538.)

Ce sont des principes également certains que la domanialité est constituée et s'établit par une déclaration administrative, que l'entretien de ces rivières est à la charge de l'Etat, que l'Etat est le propriétaire de leurs produits utiles et qu'il peut en affermer la pêche, que ces rivières sont assimilées à la grande voierie, et que leur destination est de servir avant tout aux transports. Qu'elles sont inaliénables comme le domaine public dont elles dépendent, que par conséquent nul n'a le droit de se servir de leurs eaux, soit pour les irrigations, soit comme force motrice, mais que l'administration peut concéder temporairement des prises d'eau, et autoriser aussi d'une manière révocable des usines sur les rivières. — Ces principes sont nets, positifs, irrécusables, et c'est là ce qui fait que notre droit fluvial est assez satisfaisant en ce qui touche les rivières navigables et flottables. En revanche, il semble que dès que l'on se rapproche des cours d'eau inférieurs, la confusion et le vague de notre droit en matière de rivières non navigables et non flottables se fasse sentir [1].

L'application de ces principes si nets devient incertaine pour les cours d'eau moyens dont la nature n'est pas évidente. Car s'il est notoire que nos grands fleuves, la Seine, la Loire, le Rhône sont des rivières navigables, il est beaucoup de cours d'eau qui semblent n'exister que pour faire naître des questions. — Sont rivières du domaine public les rivières navigables et flottables, a écrit le législateur. Cela est clair en apparence ; mais pour savoir qu'elles sont les rivières du domaine, il faudrait auparavant savoir quelles sont les rivières navigables et flottables. C'est la question vidée par un changement de question. Le législateur ne s'est tiré d'embarras qu'au bénéfice du domaine. Pour

[1] « Que de fois on a répété qu'en cette matière, il régnait une » grande confusion de principes ; qu'il était difficile d'asseoir une » opinion certaine. Les hommes les plus habiles ont écrit sur le » régime des eaux : loin d'être d'accord entre eux, les uns combattent une jurisprudence du conseil d'Etat que les autres admettent...... » CHAUVEAU-ADOLPHE, Principes de Compétence administrative, t. II, p. 56.

les particuliers, sa réponse n'est qu'une défaite. Qu'est-ce qui constitue la navigabilité? La doctrine a répondu que la rivière qui porte des batelets ou même des bacs, n'est pas pour cela une rivière navigable, que pour être navigable dans le sens juridique du mot, il faut que d'amont en aval, il y ait navigation proprement dite, c'est-à-dire que le cours d'eau fasse l'office de grand chemin et de voie de transport [1]. Mais ce caractère de voie publique est très-souvent douteux, surtout s'il s'agit d'une rivière simplement flottable : le point où la navigabilité commence et où commence avec elle le domaine public n'est presque jamais notoire. Quand des questions de ce genre s'élèvent, c'est à l'administration qui déclare le caractère public des rivières, de trancher la difficulté. Or, la compétence des administrateurs n'est pas moins embrouillée que le droit fluvial ne l'est lui-même,

[1] Daviel, Pratique des Cours d'Eau, p. 36.
Arrêté du Préfet de la Corrèze. S. 22. 2. 215.
Foucard, Eléments de Droit administratif, n° 1278.

et les avis se partagent sur la question de savoir quel administrateur sera compétent. Voici M. de Cormenin qui dit : C'est le préfet , sauf recours au ministre ; mais M. Foucard répond : Il nous semble que d'après la loi du 15 avril 1829, cette détermination doit être faite par une ordonnance du Roi, précédée d'une enquête de *commodo et incommodo*.

L'ordonnance de 1669 n'avait déclaré du domaine public que les rivières « portant bateaux de leur fond, sans artifices et ouvrages de mains. » Les canaux (aussi bien que les rivières purement flottables) étaient donc exclus. Le Code civil n'a pas fait cette distinction. M. Daviel en conclut que tous les canaux d'un usage public sont domaniaux : mais M. Dufour conteste cela et par des arguments très-forts.

Une rivière qui n'était pas navigable est canalisée en vertu d'une loi, aux termes de la loi du 3 mai 1841, article 3. On installe donc la navigation. Les riverains perdent tous leurs droits d'usage ou de propriété sur le cours d'eau qui va devenir public : leurs rives vont en outre être grevées de servitudes. Leur est-il dû une indemnité? Question complexe. Oui, pour la pêche (loi du 15 avril 1829); oui, pour l'établissement de la servitude de halage (décret du 22 janvier 1808); oui, pour une île qu'on détruit (conseil, 3 mai 1839). Mais pour le cours d'eau lui-même, question; pour son lit, question plus grave encore; pour une usine que l'administration n'a autorisée à certaines époques qu'avec des réserves dont la légitimité peut être discutée souvent, question, toujours question. Toutes ces indemnités seront-elles préalables? Oui, suivant M. Foucard qui ne paraît pas distinguer. Mais il a été jugé que le payement de l'indemnité spéciale pour le halage ne devait point être préalable, par une ordonnance du 18 mai 1837, citée par M. Dufour.

Voici un bras d'eau qui n'est ni navigable ni flottable, mais qui part d'une rivière navigable ou flottable et qui y retourne ensuite, appartient-il au domaine?

Oui, évidemment s'il fait le tour d'une île par exemple. Mais creusé de main d'homme, il fait de longs détours pour arroser une vallée desséchée, il se subdivise pour porter de l'eau dans différents quartiers d'une ville, est-il toujours domanial? L'affirmative est enseignée, s'il retourne à la rivière d'où il a été dérivé, mais peut-être pourrait-on faire quelques distinctions. S'il va porter ses eaux dans une autre rivière, s'il s'est séparé pour toujours du cours d'eau domanial, M. Dufour le refuse au domaine, à qui il est attribué par l'ingénieur Nadault de Buffon [1].

Et les noues, boires et fossés qui viennent s'emboucher dans une rivière navigable, autre source de difficultés. Suivant M. Daviel, les seuls fossés domaniaux sont ceux où l'on peut pénétrer en bachot en tout temps; mais M. Dufour remarque avec raison que la discussion du Code de la pêche, invoquée par M. Daviel, n'a de

[[1] Des Usines sur les Cours d'Eau, tome Ier, page 254. — PROUD'HON que combat M. Nadault avait, dans son Traité du Domaine public, n° 760, été de l'avis de M. Dufour.]

valeur que pour la question de pêche, puisque si, de la pêche exercée par l'Etat, on peut conclure la domanialité, on ne peut point dire à *contrario* que là où l'Etat ne s'est pas réservé la pêche, la domanialité n'existe pas.

25. Ceci nous amène à signaler un *criterium* certain, applicable à un bon nombre de cours d'eau, pour savoir s'ils appartiennent au domaine. L'ordonnance du 10 juillet 1835 a dressé le tableau de toutes les rivières dont l'Etat se réserverait la pêche. Ces rivières sont par conséquent indubitablement du domaine public, et en se gardant, comme nous venons de le dire, de conclure une réciproque qui serait fausse, on trouve dans cette ordonnance une base de certitude pour un nombre déjà considérable de rivières. Il faut toutefois remarquer qu'on ne pourrait pas en augmenter sûrement pour le passé, mais seulement pour le passé et l'avenir.

26. Qu'on nous permette à ce sujet une

réflexion. Puisqu'on a désigné les rivières dont l'Etat se réserve la pêche (l'ordonnance royale obéissait en cela à la loi du 15 avril 1829), n'aurait-il pas été possible, à l'aide d'un léger effort de plus, d'énumérer aussi toutes les rivières ou parties de rivières qui sont domaniales, quoique non pêchées par l'Etat [1]? Si le domaine public n'est pas curieux de connaître ses limites, les particuliers qui peuvent l'avoir pour voisin, sont inquiets de savoir

[[1] M. Nadault de Buffon a reproduit à la fin du premier volume de son Traité des Usines, le tableau annexé à l'ordonnance de 1835, en l'intitulant : « *Tableau des Rivières du Domaine public,* annexé à l'Ordonnance Royale du 10 juillet 1835. » Ce titre inexact, qui n'est pas celui donné dans le Bulletin des Lois, est la conséquence de la doctrine enseignée, mais non discutée, aux pages 248 et suivantes du livre que nous citons, suivant laquelle le tableau du 10 juillet 1835 comprendrait, sans exception, toutes les rivières domaniales de France, réduites ainsi au nombre fixe de 212 (même ouvrage, tome 1er, p. 35). M. Nadault proclame que ce tableau, « règlement général d'administration publique, » a tranché toutes les difficultés sur la déclaration de navigabilité et rendues superflues les discussions sur ce point. Cette doctrine résumée par un seul passage : « *Il est clair* que tout ce qui est en dehors de l'ordonnance de 1835, est aussi en dehors du domaine public, » est une de ces inadvertances qui déparent un livre aussi plein d'intérêt que riche en documents. M. MACAREL s'est laissé entraîner à la même erreur, c'est-à-dire qu'il donne aussi, à titre de liste complète des cours d'eau domaniaux, le tableau des rivières dont l'Etat se réserve la pêche.]

jusqu'où il va. On a poussé le cadastre jusqu'aux plus petits détails, et on est venu à bout de cette admirable et utile entreprise ; ne pourrait-on pas dresser aussi le bilan de toutes les rivières actuellement domaniales ? Ce serait dégager le droit fluvial de quelques-unes des questions qui l'encombrent. Mais ces idées d'amélioration sont ici un empiétement sur notre troisième partie.

27. Les rivières flottables à bûches perdues sont-elles du domaine public ? Le ministre des finances l'a soutenu, mais l'avis unanime de la doctrine basée sur un avis du conseil du 21 février 1822, et surtout sur la disposition décisive de la loi du 15 avril 1829, art. 5, est que ces rivières n'appartiennent point au domaine et doivent être assimilées aux rivières non navigables, ni flottables à trains, sauf les servitudes qu'entraîne l'exercice du flottage. Nous ne pouvons dans ce travail étudier les questions soulevées à l'occasion de ces servitudes très-désagréables pour

les riverains de ces cours d'eau flottables, qui d'ordinaire ne sont que des ruisseaux. L'importance même de la question de leur propriété est subordonnée à la question si grave de la propriété des rivières non navigables ni flottables.

28. Les rivières reconnues navigables ou flottables entraînent des bénéfices et des charges pour l'Etat et les riverains. Propriétaire, l'Etat n'a absolument à supporter que les charges d'entretien. C'est lui qui doit curer la rivière; mais si les riverains ont nécessité le curage par leur fait, ils sont tenus d'y contribuer pour leur part. Cette participation au curage incombe surtout, et c'est très-justement, à ceux que l'Etat a autorisés à établir des barrages, des usines, etc. — Mais on a été plus loin, et on a dit que l'Etat pouvait mettre le curage à la charge des riverains, sous prétexte qu'il leur serait utile. Ce serait exorbitant, et il serait facile à l'Etat, si une telle doctrine pouvait prévaloir, de trouver toujours à se décharger

du curage. Nous ne croyons pas davantage que des riverains ayant intérêt au curage puissent y forcer l'administration : nous ne leur reconnaissons pas d'action pour cela ; ils n'ont que la voie de pétition.

29. La plus lourde charge imposée aux riverains d'une rivière navigable ou flottable est de fournir un chemin de halage ou marchepied [1]. Ils ont en compensation de cette servitude les épaves rejetées sur la rive, et les avantages éventuels que procure la faculté de naviguer ; et si le chemin de halage est établi pour la première fois, ils obtiennent une indemnité réglée non par un jury et les tribunaux, mais

[1] Le chemin de halage et le marchepied sont-ils une seule et même chose ? Plusieurs jurisconsultes, entr'autres M. Dufour, paraissent les confondre. Pour d'autres, au contraire, le marchepied est situé sur la rive opposée au chemin de halage, et est constitué par l'espace de dix pieds qui devait être laissé libre et sans plantation, aux termes de l'ordonn. de 1669. Les auteurs sont en général silencieux sur cette autre servitude. Dans l'usage on appelle *marchepied* le chemin de halage des rivières flottables, lorsqu'il n'est pas fréquenté par des chevaux, mais seulement par les *flotteurs*. Voyez *infrà*, page 62..

par l'administration seule, le chemin de halage étant une servitude, un dommage, non une expropriation. L'obligation de laisser un espace libre pour le passage des bateaux n'entraîne en effet aucune cession de fonds. (Dufour, nº 1122.) Il en résulte que les riverains conservent leur droit aux alluvions, et à tous les accroissements du côté de la rivière ; mais que si le halage est exercé sur une route immédiatement contiguë aux cours d'eau, c'est au propriétaire de la route, c'est-à-dire à l'Etat, au département ou à la commune que profite l'alluvion. (Foucard, nº 1297.)

30. Nous avons dit que le chemin de halage est un dommage, une servitude, non une expropriation. Il importe de bien fixer ces caractères. — Le principe des Institutes, *riparum usus publicus est juris gentium* [1], appliqué jusqu'à un certain point par MM. Pardessus et Isambert, n'est plus reçu. La fréquentation du chemin de

[[1] *L'usage public des rives est du droit des gens.* Institutes, livre II, titre 1, § 4.]

halage est interdite à tous autres qu'aux navigateurs et aux pêcheurs. Ceux-ci même ne peuvent s'en servir que pour traîner leurs filets, non pour les sécher et les déposer. Le marchepied ne constitue point un chemin, dans le sens ordinaire du mot; ce n'est point une voie publique : cette partie des héritages riverains n'est assujettie à servir de passage que dans des circonstances déterminées [1]. La servitude des riverains ne doit pas être aggravée. Les riverains eux-mêmes ne pourraient se servir de cette voie pour le transport de leurs récoltes : cela pourrait en certains cas entraver le halage et surtout augmenter les frais d'entretien, qui sont à la charge de l'Etat. Car sous le rapport de la conservation, de la police et de la compétence, les chemins de halage sont assimilés aux grandes routes. L'ordonnance de 1669 ne leur donnait même pas d'autre nom que celui de chemin royal.

On regarde qu'en règle générale une

[1] M. DUFOUR. Traité de Droit administratif, n° 1113.

seule rive est tenue à supporter cette servitude. Par exception, la rivière de Sèvres a deux chemins de halage.

Toute cette matière au reste ne soulève maintenant qu'assez peu de questions intéressantes. Les seules difficultés qui soient un peu graves naissent à l'occasion des marchepieds sur le rivage des rivières simplement flottables : le flottage est une navigation si bâtarde, si peu régulière, que tout ce qui la touche s'en ressent. Presque jamais les trains de bois ne sont tirés par des chevaux, et alors le marchepied ne sert qu'au passage des hommes chargés de diriger ces masses flottantes. Le marchepied doit-il alors avoir une aussi grande largeur que le long des rivières où s'exerce une vraie navigation? La loi n'a pas distingué. Mais l'administration fait aux riverains la gracieuseté de réduire dans ses règlements la largeur inutile du marchepied. Cette faculté de réduction lui est accordée, même pour les grandes rivières navigables, par le décret du 22 janvier 1808.

31. Quoique les cours d'eau flottables simplement à bûches perdues ne soient pas du domaine public, on enseigne cependant que l'obligation de laisser des marchepieds de *quatre pieds* de largeur sur les *deux bords* de ces ruisseaux, en vertu de l'ordonnance de 1672, constitue une servitude du domaine public, bien que l'Etat ne se charge pas de l'entretien de ces marchepieds. — Il semble que tout soit anormal dans cette législation du flottage.

Nous ne nous proposons pas d'aborder tous les points intéressants de notre droit fluvial : toutefois nous ne pouvons terminer ce rapide exposé du droit et des traditions administratives en matière de rivières navigables, sans dire quelques mots de l'état des usines et des irrigations sur ces rivières.

32. Quant aux irrigations et aux prises d'eau qui vont recevoir de l'application de la nouvelle loi Dangeville une si grande

importance, les auteurs ne leur ont consacré jusqu'à présent que quelques lignes. Sur les rivières domaniales elles doivent toujours être autorisées par l'administration, qui peut révoquer la concession lorsqu'elle le juge nécessaire. — C'est aujourd'hui par ordonnance royale qu'elles sont concédées. Tel est le principe que nous devons nous borner à poser.

33. Ce principe est le même pour les concessions d'usines; mais ici quelques détails deviennent indispensables. Le domaine public étant reconnu inaliénable depuis 1566, à moins qu'une loi n'intervienne, les concessions administratives, qui se font à notre époque par ordonnance royale, sont essentiellement révocables et précaires, et n'emportent jamais un véritable droit de propriété. L'administration se fonde là-dessus pour concéder à qui elle veut et révoquer quand elle veut. Et lorsqu'elle révoque, nulle indemnité n'est due, en principe général, au concessionnaire ; mais dans l'application, il

arrive que les circonstances portent l'administration à céder sur cc point aux conseils de l'équité. Toutefois, quand à l'exercice du droit de révocation et aux indemnités, il faut diviser en trois classes les établissements fondés sur les rivières navigables.

Ces établissements, en effet, peuvent produire les titres de leur existence, et de concession, ou ne peuvent prouver que la seule possession. Devant l'administration les titres seuls ont une valeur, puisque le domaine est imprescriptible. On divisera ensuite les établissements fondés en titre selon qu'ils sont antérieurs ou postérieurs à l'édit de 1566. — Si le titre remonte au-delà de l'année 1566, le principe de l'inaliénabilité du domaine n'ayant pas encore été irrévocablement proclamé, la concession faite d'ordinaire à prix d'argent, dans un titre qui le plus souvent la déclare *faite à perpétuité*, prend tous les caractères d'une aliénation sur laquelle l'Etat n'a pu revenir, et fonde un véritable droit de propriété. Si les besoins de la navigation exigent la suppression d'un établissement dont le titre est antérieur à 1566, il faudra donc une expropriation, et l'Etat devra indemnité.

Le caractère de droit de propriété manquant aux concessions faites depuis 1566, l'administration peut les révoquer sans indemnité, par trois motifs : si elles nuisent à la navigation, pour inexécution des clauses contenues dans l'acte de concession, ou comme nuisibles à la salubrité, à l'agriculture, en un mot à l'intérêt général de la contrée [1].

Il est toutefois des établissements postérieurs à 1566, qui doivent être assimilés à ceux fondés en titre avant cette époque. Tel serait une usine autorisée par une loi. Tels sont encore les usines aliénées comme biens nationaux, si l'Etat en a garanti la propriété.

34. Quand aux usines non fondées en titre, leur possession quelque ancienne

[1] M. TROLLEY. Cours oral de Droit administratif professé à la Faculté de Caen.

qu'elle soit n'a point de valeur contre l'administration et ne peut être invoquée que vis-à-vis des particuliers. Ces établissements sont tous réputés non autorisés, et un arrêté du directoire du 19 ventôse an VI, prescrivant aux propriétaires d'usines le dépôt d'une copie de leurs titres, ordonna la recherche et la destruction *dans le mois, de tous ceux de ces établissements qui ne se trouvaient pas fondés en titres, ou qui n'avaient d'autres titres que des concessions féodales abolies*. L'art. 43 (titre 27) de l'ordonnance de 1669, avait déjà prescrit une mesure semblable. Quoi qu'il en soit, il existe encore des usines non autorisées, et leurs propriétaires ne pouvant se prévaloir de la non exécution de l'arrêté de l'an VI, qu'on applique encore tous les jours, n'ont rien de mieux à faire que de régulariser leur position, par l'obtention d'une ordonnance d'autorisation.

On comprend que les usines non autorisées sont toutes anciennes, puisque d'une part personne ne s'exposerait à construire sans concession, et qu'ensuite il serait trop difficile d'échapper à la surveillance si active de l'administration.

Nous nous arrêtons ici sans aborder les autres détails de la législation des usines sur les cours d'eau domaniaux. Il ne paraît pas que sur ce point la jurisprudence ait eu souvent à vider de questions bien graves, et la doctrine n'a point non plus élevé de discussions sur les points que nous passons. Nous avons hâte d'ailleurs d'arriver aux cours d'eau qui ne sont ni navigables ni flottables.

DES COURS D'EAU NON NAVIGABLES NI FLOTTABLES.

§ Ier.

Préliminaires. — Question de propriété des cours d'eau de second ordre en France.

35. Nous avons tracé un tableau critique de la législation relative aux eaux domaniales, et cependant en le commençant, nous avions dit que c'était la partie la plus satisfaisante de notre droit fluvial. La science est en effet beaucoup plus avancée pour les grands cours d'eau, que pour ceux qui ne sont ni navigables ni flottables ; elle a trouvé des bases dans des textes de lois assez explicites. Mais pour les cours d'eau ni navigables ni flottables, le législateur n'a rien fait, si ce n'est un ou deux textes fort ambigus. Notre ancienne jurisprudence ne les avait

guère envisagés, et la doctrine de nos vieux auteurs avait porté toute sa prédilection sur les grands cours d'eau. Dans ces dernières années les cours d'eau secondaires sont sortis de leur paisible obscurité, et l'activité un peu envahissante des ingénieurs, l'extension de l'industrie usinière, favorisées par le morcellement des grandes propriétés riveraines, ont rendu les rivières non navigables l'objet de questions nombreuses. Ces rivières qui pendant si longtemps motivèrent à peine quelques lignes dans les traités des jurisconsultes, occupent maintenant plus de place dans la littérature juridique que les grands cours d'eau eux-mêmes. A partir du moment où le droit administratif s'est constitué en état de science et est devenu l'objet de l'enseignement et des méditations des jurisconsultes, le droit des rivières non navigables ni flottables s'est agrandi, et, à l'apparition de chaque nouveau traité, on le voit prendre des proportions de plus en plus vastes. Sur une seule question (fondamentale, il est vrai,) apparaissent de volumineuses monographies [1].

Cependant, dans cette matière compliquée et qui va chaque jour se subdivisant, les règles, les principes n'ont pas été l'œuvre du législateur. Ce n'est pas dans la loi que les citoyens ont trouvé la mesure de leurs droits, et lorsque, accoutumés aux règles indubitables d'un droit civil écrit et codifié, ils cherchent des textes pour s'éclairer sur leurs intérêts, ils ne rencontrent que les discussions incertaines de la doctrine et de la jurisprudence [2]. La loi manque, et à sa place trônent je ne sais quelles tradi-

[1] De la Propriété du cours et du lit des Rivières non navigables et non flottables, par M. Rives, ancien conseiller d'Etat, conseiller à la cour de cassation. Paris, 1844, 106 pages grand in-8°.

De la Propriété des Eaux courantes, du Droit des Riverains, etc., par M. Championnière, avocat. Paris, 1846, in-8°, 800 pages compactes.

[[2] M. Nadault de Buffon, qui, dès le début du 2e volume de son Traité des Usines, reconnaît (par des motifs très-différents des nôtres, il est vrai,) l'insuffisance de la loi en matière de rivières non navigables, remarque à la fin de la liste d'arrêts qui termine son ouvrage, que sur 540 décisions recueillies, 80 concernent les établissements sur les rivières navigables, tandis que 460 sont applicables aux établissements sur les autres cours d'eau.]

tions administratives ; heureux quand un point est fixé par l'avis unanime des auteurs, et surtout par une jurisprudence constante du conseil d'Etat.

Ce sont ces traditions, cette doctrine, cette jurisprudence dont nous allons résumer les principes, ou plutôt les essais de principes ; car tout dépend d'une question fondamentale sur laquelle personne n'est d'accord, et qui, si elle était tranchée un jour par le législateur en un sens ou en l'autre, ferait évanouir tout d'un coup plus d'une maxime aujourd'hui incontestée. Nous ne pouvons donc aller plus loin, sans exposer l'état actuel d'une question si grave, qui est celle de savoir à qui appartiennent les cours d'eau non navigables ni flottables.

36. Cette question elle-même est doublée d'une autre question en quelque sorte *préjudicielle*, à savoir si ces cours d'eau sont même susceptibles d'appropriation et par suite de propriété privée. L'affirmative est pour nous si peu dou-

teuse, que nous n'entreprendrons pas de la démontrer. Il suffit d'avoir considéré ce qui se passe tous les jours sur tous les petits cours d'eau pour en être convaincu. Il faut être jurisconsulte adonné aux subtilités, pour soutenir qu'une petite rivière qu'on enclot, qu'on détourne, qu'on assèche pour la curer, qu'on gouverne comme l'on veut, résiste à la puissance et à l'appropriation de l'homme. Toutes les distinctions possibles sont impuissantes en présence du bon sens public et de l'assentiment universel des masses qui n'ont jamais songé que les cours d'eau résistassent à la possession, à la propriété. La négation de la possibilité de l'appropriation privée n'a été imaginée qu'assez récemment : les auteurs qui ont soutenu que l'Etat était propriétaire des petits cours d'eau, n'y avaient pas pensé ; mais elle est devenue la base de l'opinion qui range ces cours d'eau parmi les choses communes, quoique tous les usages en soient réservés aux riverains par le Code civil.

Au reste, M. Daviel et surtout M. Championnière ont donné chacun une lumineuse démonstration de la possibilité de l'appropriation privée de ces cours d'eau; on trouve dans toutes deux les raisons qui sortent de la nature des choses, soutenues par les déductions et les raisonnements purement juridiques. M. Championnière a réfuté plaisamment les subtilités de ses contradicteurs. Enfin M. Dufour, faisant une distinction, enseigne que le courant d'eau résiste à l'empreinte de la propriété privée, qui ne peut s'établir que sur le lit pris séparément.

Remarquons ici quel désordre cette question préjudicielle jette parmi les adversaires de la propriété des riverains. Tous ceux qui ont fait l'Etat propriétaire, ont supposé nécessairement que la propriété est très-possible, et comme cette propriété est aussi le principe indispensable des défenseurs des riverains, il s'en suit que presque toute la doctrine reconnaît que les cours d'eau en question sont susceptibles d'être possédés privativement [1]. Nous remarquerons aussi avec M. Championnière, n° 15, que les auteurs qui nient l'appropriation tombent dans une singulière logomachie lorsqu'ils reconnaissent aux riverains un droit d'usage, d'usufruit (M. Proudhon), comme si l'usage aux mains d'une personne ne supposait pas la propriété aux mains d'une autre. Quant aux anciens jurisconsultes, ils n'avaient jamais songé à une pareille question, et ils ne paraissent pas avoir douté de la possibilité de la propriété [2].

37. La question principale, ainsi dédoublée, nous paraît désormais plus simple. Nous allons exposer l'historique des trois systèmes successivement imaginés pour sa solution.

L'opinion qui fait les petits cours

[1] « Si le domaine peut être propriétaire, pourquoi les particuliers ne peuvent-ils pas l'être? L'eau courante a-t-elle donc deux » natures, l'une qui résiste à l'appropriation privée, l'autre qui se » prête à l'appropriation de l'Etat? » CHAMPIONNIÈRE, de la Propriété des Eaux courantes, n° 15.

[2] Voyez DOMAT, Lois civiles, livre II, titre 6, section 1, article 5.

d'eau la propriété des riverains, est assurément la plus ancienne et la plus vulgaire. Si elle compte parmi ses défenseurs des jurisconsultes réputés : MM. Pardessus, Toullier, Duranton, Troplong, Garnier, Daviel, Dupin, Chardon, Championnière, Sirey, Devilleneuve [1], elle peut aussi passer pour être l'opinion publique. Tous les propriétaires, tous les praticiens n'ont jamais douté que les petites rivières ne dépendissent des fonds qu'elles arrosent, et jusqu'à ces derniers temps où la question qui nous occupe est sortie des arcanes de la science et s'est révélée au public, un grand nombre de contrats disposaient de la propriété de ces cours d'eau. Une opi-

[1] Voyez dans la nouvelle collection de M. DEVILLENEUVE, tome 9, 2e partie, page 337, un relevé très-exact de tous les auteurs qui ont combattu pour ou contre. [On peut remarquer ici que les commentateurs du Code civil ont soutenu généralement le droit des riverains : qu'au contraire les auteurs de traités généraux sur l'ensemble du droit administratif se sont plutôt rangés du côté opposé, et qu'enfin parmi ceux qui n'ont traité que la question spéciale des cours d'eau, les *jurisconsultes* ont apporté leur appui à la cause de la propriété privée, tandis que les *ingénieurs* se sont constitués les champions de l'administration. C'est l'antagonisme de deux doctrines opposées, le résultat de préoccupations différentes, la conséquence logique des principes de deux écoles antipathiques.]

nion si répandue peut n'être cependant qu'une erreur, mais avant de rechercher sur quoi elle est fondée, nous avons cru devoir constater son universalité. L'existence d'un tel préjugé n'est point sans importance, d'autant plus qu'il a pris sa source dans l'impression laissée par la seule lecture du Code civil, sur l'esprit de gens étrangers à la science des lois, mais qui sont devenus si convaincus de leur propriété sur les cours d'eau, qu'ils s'indignent en apprenant qu'une doctrine contraire tend à prévaloir dans les régions supérieures et pourra détruire une croyance chère à leurs idées de propriétaires.

38. Les deux autres opinions ont cela de commun qu'elles refusent la propriété des petits cours d'eau aux particuliers. Elles ont encore d'autres affinités entre elles, en même temps qu'elles présentent de nombreuses différences. Car si les auteurs contraires aux riverains arrivent tous au même résultat, chacun d'entre eux présente

un système distinct, l'un concédant ce qu'un autre refuse, ou refusant ce qu'un autre admet. Cependant on peut grouper ces sentiments divers en deux systèmes principaux : le premier consiste à dire avec M. Foucart et M. Rives que la propriété de ces petits cours d'eau appartient à l'Etat, ou avec M. Proudhon qu'elle appartient au domaine public ; le second système veut que les rivières non navigables ni flottables soient des propriétés communes qui n'appartiennent à personne : soutenu par plusieurs auteurs, il a été mis en avant surtout par M. Nadault de Buffon, ingénieur savant et auteur de deux ouvrages fort remarquables, l'un sur les *Usines* [1], l'autre sur les *Irrigations* [2] : il compte encore pour lui un arrêt de cassation dont nous discuterons plus tard la valeur. Nous avouerons que ce dernier

[1] Des Usines sur les Cours d'Eau, développements sur les lois et règlements qui régissent cette matière. Paris, 1841, 2 volumes in-8°.

[2] Des canaux d'arrosage dans l'Italie et dans le midi de la France, Traité des Irrigations. Paris, 1843, 3 vol. in-8° et atlas.

système nous paraîtrait plus plausible que celui de MM. Rives et Foucard.

39. Il est difficile dans une question aussi délicate et que la discussion semble compliquer tous les jours, de choisir une opinion. La conviction au milieu d'un tel débat ne doit s'établir qu'après avoir bien pesé les arguments contraires : on est frappé de la force des raisonnements présentés de part et d'autre. Quoiqu'il en soit, ayant à choisir entre le camp des défenseurs de l'indépendance de la propriété et le camp opposé, je me suis rangé du côté de la propriété. Tous les arguments mis en face l'un de l'autre, il me semble que le dernier mot reste au droit des riverains, de même que la première impression laissée par le Code avait été pour lui. Le livre de M. Championnière a montré le vide de tant de raisonnements qui semblaient pleins de force... L'arrêt de la cour d'Amiens qui a réveillé encore la question est si bien motivé : celui de la cour de cassation qui l'a cassé et cela *par*

défaut, a tenu à si peu de chose... L'administration, qui triomphe d'ordinaire facilement, a eu besoin de tant d'efforts pour amener la question de son côté... qu'en définitive notre conviction ne s'est pas formée pour elle. Nous ne pouvons, sans dépasser les limites de notre dissertation, résumer complètement une discussion immense. Nous allons présenter seulement les arguments qui de part et d'autre nous ont le plus touché et nous ont amené à sortir d'une hésitation d'abord inévitable.

40. Le premier argument qui se présente est un argument historique. Merlin et Henrion de Pansey ont accrédité dans la jurisprudence moderne l'opinion que les seigneurs étaient propriétaires des petites rivières. Personne ne s'étant donné la peine de vérifier l'exactitude de cette prémisse, les décrets des 4 et 10 août 1789, qui firent tomber la féodalité, furent invoqués des deux côtés. Les riverains disaient que la suppression du régime féodal

leur avait rendu les rivières que les seigneurs avaient usurpées sur eux : l'Etat répondait au contraire que si les seigneurs possédaient les petites rivières, c'était en qualité de petits souverains, et que ces cours d'eau étaient retournés à l'Etat comme les autres démembrements de souveraineté qui constituaient la puissance féodale. M. Dufour imagine même là un partage du domaine public ; on disait, selon lui : « le roi aura le fleuve navi- » gable, et le seigneur la rivière ou le » ruisseau, de même qu'on disait : le roi » profitera des mines d'or, et le seigneur » des mines d'argent, » etc. [1]. On a discuté longtemps sur ce terrain, lorsque l'opinion qui servait de base est devenue l'objet de doutes qui se sont affermis depuis : de consciencieux travaux historiques ont démontré que d'abord toutes les rivières, grandes et petites, ensuite les rivières non navigables seulement, étaient,

[1] Traité général de droit administratif appliqué, nos 1086 et 1198. (Tome II, pages 275 et 391.)

dans notre ancien droit, des propriétés privées, et que l'opinion qui tendait à en faire la *propriété* des seigneurs avait été mise en faveur par les feudistes au moment seulement de la chute de la féodalité. Toute discussion sur ce point est donc désormais impossible, et l'argument a perdu toute sa force contre les riverains.

La loi de 1789 a donc laissé aux riverains ce qui leur appartenait, elle n'a pu donner à l'Etat que le droit de police du seigneur. Des lois subséquentes ont-elles dépouillé les riverains? M. Rives allègue plusieurs projets de loi antérieurs au Code civil, mais l'Etat ne peut invoquer en sa faveur de simples projets, car les riverains pourraient alléguer à leur tour et le projet de Code rural de 1810[1], et les propositions bien plus explicites faites aux chambres par MM. Boissel de Monville, en 1827, Aroux et Barbet, en 1835.

[1] Articles 47 et 48. Projet de Code rural, 4 volumes in-4°. Paris, 1810.

41. Il nous faut donc arriver au Code civil. Nous y voyons l'article 538 placer dans le domaine public les seules rivières navigables et flottables, et l'article 644 donner aux riverains un *usage* des eaux tel qu'il exclut la propriété du domaine. L'article 641, combiné avec cet article 644, leur donne le droit de détourner l'eau, de changer le lit, ce qui est encore la négation de la propriété du domaine. L'article 560 attribue à *l'Etat* les îles nées dans les cours d'eau navigables et flottables ; l'article 561 attribue *aux riverains* celles qui se forment dans les cours d'eau ni navigables, ni flottables : les défenseurs de la propriété privée en concluent que, si les riverains ont les îles dans le second cas, c'est au même titre que l'Etat dans le premier cas ; or, l'Etat les a à titre de propriétaire du lit. On ajoute à cela que les riverains ont la pêche et sont assujettis au curage.

Telles sont les principales raisons des riverains. L'ensemble des articles cités leur donnerait évidemment la propriété sans la présence de l'article 563, où l'on voit, au cas où un cours d'eau se forme un nouveau lit, la loi disposer de la propriété de l'ancien lit.

Ainsi, dans les textes du Code civil, les articles 538, 560, 561, 641, 644 paraissent en faveur des riverains : l'Etat au contraire s'arme de l'article 563.

Mais tous ces articles même ont subi diverses explications. L'administration répond : si l'Etat laisse les îles aux riverains, c'est au même titre que la pêche, par pure concession et comme chose de peu d'importance. Les riverains répliquent qu'ils auraient droit à une indemnité et pour la pêche et pour les îles en cas de déclaration de navigabilité.

Après avoir ainsi mis de côté les articles 560 et 561, l'administration s'attaque à l'article 644, et dit que les termes mêmes de cet article n'accordent aux riverains que des droits à l'usage et non pas la propriété. Mais les riverains répondent que de tels droits d'usage absorbant tous les produits utiles de l'eau et du lit, et étant compensés d'ailleurs par l'obligation d'entretien et de curage, ne laisseraient qu'une nue-propriété dérisoire, puisqu'elle serait perpétuellement grevée d'un usage restreint seulement par le droit de police. Cette réplique aux arguments de l'administration est mortelle pour l'opinion qui donne les petites rivières à l'Etat; aussi a-t-elle contribué à faire naître celle qui les déclare choses communes.

Enfin, à l'irrésistible force de l'article 538, l'administration réplique par son plus vigoureux argument, la disposition de l'article 563.

Mais les riverains répondent encore : l'ensemble des articles du Code établit un système qui nous est favorable ; à la règle générale qui en résulte, l'article 563 n'est qu'une exception : *exceptio firmat regulam.*

On voit qu'à chaque moyen de solution tiré du Code, on oppose toujours un argument contraire ; il faut donc porter la question sur un autre terrain.

42. Considérons-la en elle-même, et voyons où aboutirait chacun des trois systèmes que nous avons distingués. Celui qui donne la propriété à l'Etat ne peut la lui donner qu'à titre de domaine privé ou à titre de domaine public. A titre de domaine privé, quel avantage pour l'Etat de posséder une nue-propriété perpétuellement dépouillée de son usufruit? Cela d'ailleurs choque les idées mêmes qui sont la base du droit [1]. — A titre de domaine public? Mais on retombe encore sous le coup de l'article 538 qui ne place dans le domaine public que les rivières navigables et flottables, et les parties du territoire qui ne sont pas susceptibles de propriété privée. Or, nous avons vu que rien n'empêche les petits cours d'eau d'être des propriétés privées. Cette possibilité d'appropriation sape aussi par la base le système qui voudrait déclarer ces cours d'eau

[1] .... Inutiles essent proprietates, semper abscedente usufructu. Institutes, § 1, *de usufructu.*

choses communes. Quel serait encore le bénéfice de cette communauté ? Au profit de qui vertirait-elle ? On a invoqué de hautes considérations d'utilité publique ; mais en résumé il est facile de les réduire à peu de chose. On dit : si l'Etat voulait un jour canaliser une rivière, et que les riverains en fussent propriétaires, il faudrait leur payer des indemnités immenses. Mais non, car dans l'Etat actuel des choses, avec le droit d'usage que vous leur reconnaissez, vous leur devriez déjà des indemnités et pour la servitude du halage et pour la pêche, etc. Certes il ne faudrait pas ajouter beaucoup pour indemniser de la perte du lit : car cette nue-propriété que vous accordez à l'Etat n'aurait pas non plus grande valeur productive aux mains des riverains. L'Etat ne serait pas ruiné pour acheter un sol qui ne produit que quelques herbes : il ne l'a pas été lorsqu'il a fallu payer le sol des grandes routes, bien autrement productif. Quant aux indemnités pour les usines, quoique sous certains ministères on ait mis dans les autorisations qu'il ne serait dû aucune indemnité en cas de canalisation, l'Etat ne pourrait se refuser à indemniser dans le cas où la canalisation éventuelle et incertaine, au temps de la fondation de l'usine, n'arriverait que de nombreuses années après cette fondation : l'exécution de ces clauses serait trop inique, trop inhumaine. —Et d'ailleurs l'Etat n'est pas près de canaliser les petits cours d'eau.

L'intérêt public est donc ici une allégation chimérique : il ne faut pas pour un avenir si incertain faire sortir tant de biens du commerce. Quant au besoin de réglementer des propriétés de la nature des cours d'eau, personne ne refuse à l'Etat le droit de règlement. Ce droit suffit pour faire le bien, et pour réprimer les abus. Si l'Etat n'est pas propriétaire des petits cours d'eau, la prospérité publique n'en souffrira en rien.—Pour la propriété, au contraire, il y a un intérêt immense : la conservation de droits qu'elle a gardés généralement jusqu'en 1789, malgré tous les empiétements de la féodalité ; il y a surtout l'intérêt sacré de son indépendance pour laquelle on a détruit la féodalité. Ajoutons qu'en dépouillant les riverains du droit de propriété, le charme de leurs possessions, de leurs maisons de campagne, de leurs jardins, de leurs prairies même s'évanouirait pour beaucoup d'entre eux, et que des valeurs de pur agrément et d'imagination sans doute, mais très-réellement appréciables en argent, seraient perdues pour jamais.

43. A ces considérations d'économie politique, il faut encore ajouter la difficulté de déterminer quels seraient parmi les petits cours d'eau ceux qu'on déclarerait ou choses communes, ou propriété de l'Etat. Car rien n'établirait encore où finit la rivière et où commence le ruisseau, où finit le ruisseau et où commence la source, la simple fontaine : l'Etat lui-même n'ayant jamais prétendu contester à la propriété privée la possession absolue des ruisseaux et des sources. Il y aurait place là à de nouvelles difficultés, et bien qu'on recon-

naisse maintenant des eaux privées, l'Etat finirait peut-être par faire entrer dans son domaine tout l'élément liquide. Nos lois séparent les cours d'eau en deux catégories seulement, ceux qui sont navigables ou flottables et ceux qui ne le sont pas : après cela il n'y a pas d'autre distinction.... Le caractère purement négatif des cours d'eau non navigables ni flottables est un puissant argument en faveur des riverains.

44. Encore une fois nous ne pouvons tout dire sur cette question et nous avons hâte d'arriver à l'examen de la récente jurisprudence qui la rend palpitante. Un arrêt de la cour d'Amiens, du 28 janvier 1843, a proclamé le droit des riverains, en s'appuyant sur de puissants motifs : soumis à la cour de cassation qui devait vider la question pour la première fois, il a été cassé deux ans et demi après, par arrêt du 10 juin 1846. A l'autorité imposante du conseiller Troplong, on opposait désormais la monographie érudite du conseiller Rives. —Les partisans de l'administration

étaient triomphants.... Cependant l'arrêt du 10 juin 1846 n'a été rendu que par défaut : le représentant du domaine public n'avait pas de contradicteur ; le propriétaire isolé, qui luttait contre une puissante compagnie, n'a pas voulu risquer une somme considérable pour obtenir l'indemnité peu importante (391 fr.) qu'il réclamait, et l'arrêt a été rendu sans beaucoup de profit pour la science : la jurisprudence n'est sans doute pas fixée.

L'arrêt d'Amiens est un résumé trop serré de tous les arguments en faveur de la propriété riveraine pour pouvoir être analysé ici : nous devons nous borner à y renvoyer[1]. Quant à l'arrêt qui l'a cassé, il commence par poser en principe qu'un cours d'eau se compose essentiellement

[1] *Apud* CHAMPIONNIÈRE, page 765.

SIREY, tome de 1846, 1re partie, page 436.

M. NADAULT DE BUFFON (des Irrigations, tome III, page 26, à la note), ne nous paraît pas avoir bien compris toute la force de cet arrêt, qu'il traite un peu légèrement. Cet ingénieur, étranger à la science du droit, invoque, pour soutenir son opinion, plusieurs arrêts qui n'ont statué ni sur la propriété du lit, ni sur celle de l'eau, mais seulement sur la disposition des pentes comme force motrice.

des eaux et du lit; que les eaux et le lit forment par leur réunion une seule et même nature de biens : ce qui est la négation de la doctrine de M. Dufour qui donne le lit aux riverains en proclamant le courant d'eau chose commune. Et en fait d'arguments, la cour de cassation n'est pas sortie des textes du Code civil ; c'est avec son aide seulement qu'elle a entendu trancher la question. Elle déclare que les rivières non navigables sont communes, et elle leur applique l'art. 714 : « *Il est des choses qui n'appartiennent à personne, et dont l'usage est commun à tous. — Des lois de police règlent la manière d'en jouir.* » Pour montrer que cet article si vague, où l'on n'a point pris la peine de donner les rivières pour exemple (ce qui cependant eût été un exemple notable), s'applique aux eaux vives, la cour allègue l'article 644 qui ne donne, selon elle, aux riverains que le droit *d'user*, et enfin le fameux article 563. Tels sont les seuls articles qui motivent l'arrêt de cassation.

45. La portée de l'article 644 a été discutée plus haut : quant à l'art. 563, nous ajouterons ici de nouvelles réflexions à ce qu'on en a déjà dit. Les défenseurs des riverains, en le regardant comme une exception, disent que la disposition qu'il contient est toute d'équité. Nous n'en sommes pas convaincus.

Nous contestons la justice de la disposition qui donne aux propriétaires des fonds nouvellement occupés par la rivière qui s'est formé un nouveau cours, l'ancien lit abandonné. Cet article 563, si rarement et si difficilement applicable, est d'ailleurs une innovation [1]. Nous ne la croyons pas heureuse. Le droit romain, en abandonnant l'ancien lit (qui cependant était généralement chose publique)

[1] Toutefois, l'édit du 5 novembre 1776, rendu au sujet de la canalisation de la Dive, est une espèce de précédent pour l'article 563, son article 12 portant : « que les lits des anciens cours d'eau desséchés appartiendront aux concessionnaires des travaux. » [Notez cependant que là le changement de cours n'était pas naturel, mais forcé : l'article 563 est fait au contraire pour un changement opéré naturellement par la rivière elle-même.]

aux héritages riverains [1], nous paraît avoir bien mieux compris les nécessités de la culture et du voisinage.

Afin de rendre notre démonstration indépendante de la question de propriété des petites rivières, nous supposerons que la rivière changée de cours est une rivière domaniale. Celui qui possédait l'emplacement du nouveau lit voit sa propriété lui échapper et tomber dans le domaine public. Il a droit à une indemnité. Aussi le Code la lui accorde. Mais le législateur, au lieu de lui donner une indemnité en numéraire, a trouvé plus simple de lui abandonner l'ancien lit : dans notre hypothèse, c'est la propriété du domaine. C'est ici pourtant qu'à nos yeux apparaît l'injustice.

Quoi! possesseur des deux rives, mon domaine n'était divisé que par un cours d'eau franchissable par mille moyens, et le voilà séparé désormais par une pro-

[1] Institutes, *de rerum divisione* (liv. II, tit. 1), § 23. Digeste 41. 1, *de acquirendo rerum dominio*, liv. 7, § 4.

priété privée. Je pouvais d'un coup d'œil contempler ce qui se passait chez moi sur la rive opposée, et voici des clôtures qui interceptent ma vue aussi bien que mon droit de passage. J'ai perdu les avantages de l'eau, et vous aggravez ma perte en coupant mon domaine par une propriété enclavée qui le défigure. J'étais sur le bord d'une espèce de voie publique et me voilà soumis au contraire à toutes les servitudes qui naissent de l'enclave. Ce propriétaire lui-même que vous indemnisez ainsi, en lui donnant tantôt une propriété centuple de la sienne, tantôt une autre dix fois plus petite, il faudra qu'il m'achète un droit de passage. Des procès sans nombre pourront naître. Vous assimilez les grands cours d'eau à la voierie, mais est-ce que lorsque l'Etat change la direction d'une route, il donne en vertu d'une règle inflexible l'ancienne voie pour la nouvelle? Est-ce que les riverains de la route supprimée n'ont pas le droit de racheter son emplacement? Est-ce qu'on ne leur réserve pas leurs moyens d'accès, leurs droits de jour et de vue, toutes les servitudes qu'ils avaient sur la route avant sa suppression ?

L'équité prétendue de l'article 563 ne sera donc le plus souvent qu'une véritable iniquité. Iniquité bien plus sensible encore pour les cours d'eau non navigables ! (l'article 563 parlant pour tous les cours d'eau.) — C'est à côté de ce riverain malheureux qui a perdu tous ces droits d'usage qu'il peut, sans conteste aucun, retirer de l'eau courante, que vous installez un nouveau propriétaire. C'est au milieu de cé domaine dont les usines ont cessé de tourner, dont les prairies ne sont plus irriguées, qui est déshérité de la pêche et de tous ces usages domestiques et d'agrément que l'on retire du voisinage d'une rivière, que vous placez un champ d'une longueur démesurée et qui n'aura peut-être pas six pieds de largeur : qui sera en contre-bas et qui restera longtemps infertile faute de pouvoir être amélioré à l'aide des champs riverains. Presque toujours le propriétaire indemnisé par un pareil présent sera forcé de vendre ce nouveau domaine éloigné du sien, au riverain qui pourrait seul l'utiliser.

Et pour ceux qui croient que le lit au moins des petits cours d'eau appartient aux riverains, l'iniquité ne devient-elle pas une confiscation ? Il est vrai que c'est la question même. — Mais cela suffira sans doute pour faire rejeter hors de la discussion l'article 563. Il est évidemment le fruit hâtif de la volonté peu réfléchie du législateur : il est trop faible, à nos yeux du moins, trop exceptionnel, pour jamais devenir un argument vigoureux. — Or, il est le grand motif de l'arrêt de la cour de cassation.

§ II.

Question de propriété à l'étranger. — Examen des législations étrangères.

46. Enfin avant d'abandonner tout à fait cette question, examinons son état dans les législations étrangères. Elles présenteraient un dernier secours dans une discussion si épineuse, si l'on était bien d'accord sur le vrai sens de leurs dispositions. Mais chaque opinion les invoque pour soi et la controverse renaît encore sur ce terrain. Malgré ce désaccord, les lois étrangères exercent dans la discussion une double influence, en faisant voir premièrement si la possibilité de l'appropriation privée est admise chez nos voisins, et en deuxième lieu, comment on a compris dans les pays étrangers les effets de l'abolition de la féodalité. On a déjà vu que ce sont deux des points les plus décisifs de la question.

47. Trois auteurs ont successivement traité ce point de législation comparée :

Le premier, M. Daviel, a fait voir les riverains propriétaires des cours d'eau non navigables ni flottables, non-seulement en Angleterre où nous savons que toutes les rivières, même la Tamise, sont des propriétés privées, mais encore en Espagne, en Prusse, en Pologne, en Russie, et jusqu'en Italie. Les conclusions de M. Daviel sont soutenues d'une érudition puissante.

48. Cependant, le gouvernement désireux d'amener une solution de la question et préoccupé de la discussion d'une loi en faveur des irrigations, chargea M. de Mauny de Mornay d'étudier la question à l'étranger. M. de Mornay rapporta de chez nos voisins tous les textes relatifs au droit fluvial. Il les fit précéder d'un rapport à M. le ministre de l'agriculture et du commerce, et le tout sortit en 1844

des presses de l'Imprimerie royale [1]. Cette collection précieuse de fragments de lois sardes, lombardes, parmesanes, hessoises, prussiennes, etc. [2], contient sur la pro-

[1] Pratique et Législation des irrigations dans l'Italie supérieure et dans quelques États d'Allemagne. Paris. Imprimerie royale, 1844, 2 volumes grand in-8°. — Le second volume contient la législation. — Il y a une seconde édition de cet ouvrage en un seul volume. (Paris, Bouchard-Huzard.)

Les textes piémontais et lombards ont été reproduits par M. Henry PELLAUT, à la fin de son Commentaire sur la loi Dangeville.

[[2] Chose singulière! nous possédons cette collection de lois étrangères, et nous n'avons aucun recueil général des règlements anciens et modernes qui régissent nos fleuves et nos rivières. Les règles adoptées chez nos voisins, les voilà ; mais les textes qui font loi pour des portions de notre propre territoire restent inconnus, parce qu'ils sont dispersés dans d'innombrables recueils locaux, publiés avant ou depuis la révolution et souvent introuvables ; par exemple dans les bulletins administratifs des quatre-vingt-six départementsde la France!

Le Congrès central d'Agriculture a émis le vœu que le Gouvernement fît réunir tous ces règlements en un seul corps d'ouvrage. Ce serait une excellente chose pour le progrès du droit administratif. Quel intérêt légitime pourrait s'opposer à la divulgation, à la mise au grand jour de ces textes à peu près ignorés, sur lesquels on verrait enfin s'exercer le contrôle bienfaisant de la comparaison et d'une critique scientifique ?

Une personne, dont les savants avis sont pleins d'autorité, nous avait engagé à publier, à la suite de ce travail, tous les documents locaux relatifs aux cours d'eau de la Normandie : malgré l'intérêt de cette collection, nous avons hésité à nous faire l'éditeur de règlements très-nombreux, difficiles à réunir sans le concours de l'administration, et que nous espérons voir publier enfin par le

priété des eaux, sur le droit de passage forcé des eaux sur le terrain d'autrui ; sur l'expropriation forcée, l'intervention de l'autorité et enfin sur les pénalités, les détails les plus intéressants. Dans son rapport préliminaire, M. de Mornay présente les principes qui lui ont paru résulter de ces textes, et, passant sous silence les travaux antérieurs de M. Daviel, il proclame la supériorité de ces lois étrangères et nous les offre comme des modèles. M. de Mornay ne suppose pas même qu'en France les riverains aient des prétentions à la propriété : comme M. Nadault, il se borne à poser en principe, et sans émettre le moindre doute, que les eaux non domaniales *n'appartiennent à personne* (page x.) [1]. Il donne « à la législation » sarde la première place, parce que, de » l'avis de tous ceux qui se sont occupés

Gouvernement lui-même dans le recueil complet qu'a réclamé à bon droit le Congrès d'Agriculture. Les règlements du département de la Seine-Inférieure ont d'ailleurs été publiés à deux reprises par M. Le Pasquier.]

[1] Je cite l'édition officielle de l'Imprimerie royale.

» de la question, cette législation est » incontestablement la plus parfaite. » (Page III.)

« Elle mérite, » dit-il, « toute l'atten- » tion de la France. » (Page IV.) Plus loin (page V), l'auteur ajoute : « Deux » grands principes, étrangers à notre droit » moderne [1], dominent les législations » sarde et lombarde : je veux parler de » *la propriété de toutes les eaux natu-* » *relles autres que celles des sources, at-* » *tribuée à l'Etat*, et de la faculté donnée » à chacun de *faire passer sur le fonds* » *d'autrui, les eaux qu'il a le droit de* » *dériver des fleuves, rivières, fontaines* » *ou d'autres eaux, pour l'irrigation des* » *terres ou pour l'usage de quelque* » *usine.* »

Mais M. de Mornay professe des opinions plus absolues encore : les droits conférés aux riverains par l'article 644 lui

[1] *Etrangers à notre droit moderne*..... M. de Mornay croit donc que l'opinion de M. Foucart et de M. Rives, qui donnent les petites rivières à l'Etat, n'est pas une opinion soutenable dans l'Etat actuel du droit.

paraissent une « fâcheuse *jurisprudence* » (page XVIII), et *mille faits déplorables* « ont pour cause première, et souvent » unique, la non attribution à l'Etat des » eaux non navigables ni flottables. » (Page XVII.) Il voudrait voir effacer du Code le « droit d'usage qui les confisque » au profit du riverain. » (Page X.)

49. Le troisième auteur entré dans la la lice, M. Championnière, est venu sur ce point encore relever la bannière des riverains. Dans le chapitre 2 de son livre, il a trouvé les défauts de cuirasse du rapport officiel, et fait voir par des « rap- » prochements que le rapport précité » n'est pas parfaitement exact, ni exempt » de tout esprit de système. » (Page 33.) Il termine en proclamant « que l'appropriation publique n'est pas la condition nécessaire d'un bon régime des eaux, » et qu'une loi qui aujourd'hui en refuserait la propriété au domaine particulier, serait une loi novatrice. — Jusqu'ici le dernier mot lui est resté.

50. Mais, pour mettre à même d'apprécier la discussion, nous allons transcrire ici les textes les plus saillants.

Le Code civil sarde est de l'avis de tout le monde, celui qui a donné à l'Etat le plus de puissance sur les eaux. Voici comment est conçu son article 420 :

« 420. Les routes et les chemins pu-
» blics, autres que ceux des communes,
» *les fleuves, rivières et torrents* [1], les ri-
» vages, lais et relais de la mer ; les ports,
» les havres, les rades et généralement
» toutes les portions du territoire de
» l'Etat qui ne sont pas susceptibles d'une
» propriété privée, sont considérés comme
» des dépendances du domaine royal. »

Cet article est donc plus étendu que notre article 538 auquel il correspond, mais il n'est pas plus absolu : les *fleuves*,

[[1] Le mot *torrent* a ici une acception différente de celle qui lui est vulgairement donnée chez nous. Il ne s'agit pas de simples ravins sans source, formés accidentellement par les pluies, mais de véritables cours d'eau caractérisés par leur impétuosité et par l'irrégularité de leur volume.]

rivières, *torrents*, ne sont pas tous les cours d'eau ; il y en a qui ne sont pas du domaine royal, car l'article 558 du Code sarde enlève à l'article 420 ce que celui-ci avait de trop général.

« 558. Celui dont la propriété borde » une eau qui, sans travaux de main » d'homme, a un cours naturel, et *qui* » *n'est point déclarée dépendance du do-* » *maine royal par l'article* 420, peut s'en » servir, à son passage, pour l'irrigation » de ses propriétés. — Celui dont cette » eau traverse l'héritage, peut même en » user dans l'intervalle qu'elle y parcourt, » mais à la charge de la rendre, à la » sortie de ses fonds, à son cours ordi- » naire. »

On pourrait, d'après cet article, croire choses communes ces cours d'eau qui ne sont pas domaniaux, et dont les riverains peuvent *user ;* mais cette supposition est repoussée aussitôt par le début de l'article 560.

« 560. Tout PROPRIÉTAIRE OU POSSES- » SEUR D'EAU peut en user à sa volonté,

» et même en disposer en faveur d'autres » personnes, s'il n'y a titre ou prescrip- » tion contraire ;... »

51. La législation lombarde n'est pas codifiée. Elle se compose du Code civil général autrichien et de lois et décrets de dates et d'origine diverses. Voici quelques-uns de ses textes :

Loi du 20 avril 1804, sur les eaux : article 20. « La *haute surveillance et la* » *tutelle* des eaux, ainsi que les travaux » qui s'y rattachent, sont confiées au » gouvernement. — Article 24. Dans cha- » que département il y a un tribunal des » eaux (*Magistrato di acque*)... Il est » présidé par le préfet ou son lieutenant » d'administration qui n'ont pas voix dé- » libérative... — Article 52. Quiconque, » possédant légitimement des EAUX PRI- » VÉES ou publiques, entend les dé- » river... peut les faire passer sur le » terrain d'autrui... » — Cette loi de 1804 est très-développée et tranche beaucoup de points qui s'agitent chez nous :

nous n'avons rien d'aussi complet dans notre multitude de lois. Deux décrets s'occupent des usines, des irrigations, des rizières et des *prés marcites*, ces cultures inconnues dans nos contrées : on voit partout les ingénieurs agissant directement en leur nom propre, comme fonctionnaires immédiats, et encourrant par conséquent vis-à-vis du public la responsabilité morale de leurs actes [1].

Citons encore le Code civil général autrichien, promulgué à Milan en 1816. Son article 287 porte *in fine* :... « Les fleuves, » les rivières, les ports et les rivages de la » mer, sont appelés biens universels et » publics. »

52. La Prusse possède une loi très-remarquable, promulguée en 1843 pour les irrigations ; nous ne pouvons nous dispenser de citer certaines de ses disposi-

[[1] En France il en est tout autrement : les ingénieurs se retranchent derrière les préfets.]

tions qui tranchent des questions fort agitées en France :

« Art. 1. Chaque riverain d'un *cours* » *d'eau privé* (source, ruisseau, rivière ou » étang à eau courante), peut s'en servir » à son passage..... »

« 2. Le droit de puiser de l'eau dans » un *cours d'eau privé* et d'y abreuver le » bétail appartient à chacun, lorsque des » places publiques ou des chemins en » bordent le rivage. »

« 8. Les PROPRIÉTAIRES *d'un cours d'eau*, » les riverains, ceux qui jouissent d'un » droit d'irrigation ou de dérivation, ne » sont tenus de souffrir le flottage que s'il » y a décision administrative. »

« 18. Le riverain peut exécuter des tra- » vaux d'irrigation sans autorisation préa- » lable [1]. »

— Enfin, cette loi, comme la législation lombarde, s'occupe des associations pour des travaux d'irrigation ; elle a réalisé toutes les améliorations désirables, rendu

[1] Mauny de Mornay, pages 127 et suivantes.

les irrigations très-faciles sans attenter aucunement à l'indépendance de la propriété.

53. Ces citations suffisent. Nous en pouvons conclure, avec MM. Daviel et Championnière, que c'est à tort que plusieurs auteurs ont supposé chez nos voisins l'Etat propriétaire de toutes les eaux courantes. Il est visible qu'il y a, même en Italie, des cours d'eau privés. La seule différence, c'est que chez nous, l'Etat n'a d'une manière certaine la propriété que des seuls cours d'eau navigables et flottables, tandis qu'en Italie son domaine atteint des cours d'eau d'un ordre inférieur. La limite n'existe pas moins; seulement, placée plus bas, elle fait plus large la part de l'Etat. Maintenant, si nous invoquions à notre tour l'exemple de ces lois étrangères, comme l'a fait M. de Mornay, ce serait pour faire remarquer que, grâce à leurs termes explicites, la propriété des cours d'eau non réservés au domaine public, n'est pas in-

certaine comme chez nous. Le droit des riverains y est positif[1], car la théorie de la *communauté négative* des cours d'eau, quasi-officielle en France, n'inquiète pas en Italie la propriété riveraine.

Nous appelons aussi l'attention sur plusieurs fragments de ces lois que nous venons de citer, et qui traitant des tribunaux, des ingénieurs et de plusieurs autres questions, ne peuvent avoir pour but et pour résultat que de protéger les fortunes privées.

[[1] Nous venons de lire un ouvrage intitulé : *De l'organisation légale des cours d'eau sous le triple point de vue de l'endiguement, de l'irrigation et du dessèchement*. Quoique les auteurs de ce livre, MM. Ad. Dumont, avocat au conseil, et A. Dumont, ingénieur, y professent les doctrines les plus avancées dans le sens de l'administration, ils reconnaissent cependant, dans un chapitre intéressant sur la législation Lombarde, qu'il existe en Italie des cours d'eau complètement privés. C'est une autorité de plus en faveur de notre opinion.

MM. Dumont ont reproduit les textes Lombards, mais leur traduction diffère beaucoup de celle de M. de Mornay, qui d'ailleurs avait donné des extraits moins étendus.]

§ III.

Questions diverses. — Police. — Règlements. — Curage.

54. L'étendue des développements que nous avons été obligés de donner à cette grave et difficile question de la propriété des petites rivières et à l'examen des législations étrangères, nous force de passer rapidement sur les autres chefs relatifs aux petits cours d'eau. Il naît là encore pourtant bien des questions d'une importance majeure pour la propriété, l'agriculture et l'industrie, il y a encore bien des luttes auxquelles il serait intéressant d'assister, bien des points obscurs qu'il serait beau d'éclaircir. Mais lorsque, jetant un coup d'œil sur ce qui précède, nous envisageons ce qui nous reste à faire pour remplir notre tâche, nous sentons la nécessité d'indiquer seulement les points capitaux que nous aurions voulu

traiter, et de nous hâter d'arriver à la conclusion [1]....

Nous l'avons dit en commençant : la législation ou plutôt la jurisprudence des cours d'eau non navigables est peuplée de questions. Celle qui touche au droit très-contestable de circuler en bateau sur les rivières non navigables [2], sera la première indiquée par nous : si notre exploration eût été moins rapide, nous eussions proposé des distinctions pour sa solution. Voici maintenant le droit d'irrigation (auquel, dans le cas des rivières non domaniales, la nouvelle loi Dangeville n'est guère applicable, comme nous le verrons plus tard) : puis la question de savoir si l'autorisation est nécessaire pour l'établissement de barrages d'irrigation sur les rivières non réglementées. — Voici plus loin tout le groupe entortillé des questions relatives à l'emploi des eaux

[[1] Cette dissertation, mise au concours par la Faculté de Caen, était limitée à certaines proportions.]

[2] Dénié par M. Foucart, nº 1303, et par M. Daviel; ce droit est admis par MM. Proud'hon et Dufour.

comme force motrice : c'est là que lutte encore la propriété riveraine ; — c'est là qu'on agite le point de savoir si l'Etat est propriétaire des pentes et des chutes d'eau[1] ; — c'est là que les droits acquis, les simples intérêts, de pures rivalités même agissent et réclament. — Nous ne pourrons pas davantage exposer ce que

[1] Nous rappellerons ces affiches et ces annonces qui frappent la vue tous les jours dans nos pays industriels : A VENDRE UNE CHUTE D'EAU de la force de tant de chevaux.

[M. Nadault de Buffon met la *pente* au rang des choses communes ; mais il proclame en même temps la propriété privée des *chutes*. Il réfute M. Doyat qui conclut, dans les Annales des Ponts-et-Chaussées, que *la pente des rivières appartient à l'Etat*, et M. Jullien, qui, dans le même recueil, refuse aux riverains la propriété des *chutes* d'eau. Les *retenues* d'eau et les biefs creusés artificiellement en lit de rivières, sont aussi regardés comme privés par M. Nadault, et sa doctrine est corroborée par la jurisprudence. On sait que cet auteur, interprète de la doctrine de l'administration, ne reconnaît la propriété entière d'un cours d'eau, lit, masse liquide et pente, que dans deux cas : celui d'une source sur l'héritage où elle a pris naissance, et celui d'un canal fait de main d'homme sur un terrain privé. (Des Usines, tome II.) M. Daviel prétend, de son côté, que les riverains ont non-seulement la propriété des chutes, mais encore celle des pentes, tandis que M. COTELLE, qui professe le droit administratif à l'école des Ponts-et-Chaussées, constate dans son Cours (tome III, page 582), que, « dans l'état » actuel *du droit*, l'administration est en possession de distribuer » les pentes et de régler les chutes des moulins, sans que les pro » priétaires d'amont soient admis à réclamer une indemnité à » raison de la pente existant devant leur héritage. »]

valent ces réclamations, ces recours, ni quelles juridictions seraient compétentes, car nous passons vite, et nous ne faisons pas un traité de droit administratif. Cependant nous devons nous arrêter devant un principe très-important, la nécessité de l'autorisation préalable de toutes les usines par l'autorité royale. Nous n'examinerons ni les formalités nécessaires pour arriver à cette autorisation, ni ses conséquences vis-à-vis de l'impétrant ou vis-à-vis des tiers. Nous voulons seulement examiner sur quoi repose ce principe. — C'est dire que notre temps d'arrêt sera employé à la critique.

55. L'autorité administrative soumet donc les particuliers à l'obligation rigoureuse de se munir de son autorisation préalable, pour affecter des eaux courantes au roulement des usines. C'est un fait qu'on contesterait en vain devant le conseil d'Etat, et ce serait une entreprise insensée d'y résister dans la pratique. La jurisprudence est positive, la doctrine

est à peu près unanime, et il faut le dire, le consentement tacite des particuliers semble avoir reconnu ce droit à l'administration. Le principe est donc devenu irrécusable, et cependant, pour nous servir des propres termes de M. Foucard, « aucun texte positif n'exige une or- » donnance du roi pour autoriser une » usine [1]. » Ainsi c'est en vertu d'une simple tradition que l'administration impose la nécessité d'une ordonnance royale. Mais si dans la pratique, aucune résistance n'a été tentée, dans la théorie, de graves auteurs ont protesté : — et on peut voir dans le *Commentaire sur la prescription*, de M. Troplong [2], les attaques par lui dirigées contre cet usage qui lui paraît un débris de l'esprit envahisseur de l'administration impériale. On cria à l'abus sous la Restauration; le ministre de l'intérieur s'émut, et le comité du conseil d'État déclara en 1817 que les précé-

[1] Eléments de droit public et administratif, nº 1311.

[2] Tome I, page 232, nº 146.

dents administratifs devaient être continués, que l'autorisation royale était nécessaire. C'est cet avis du Conseil qui aujourd'hui fait la règle ; c'est lui qui a tracé les formalités. La proposition sur les cours d'eau, présentée à la chambre des députés en 1835, voulait ne reconnaître au gouvernement qu'un droit de tutelle et de surveillance : la commission de la chambre, dans son rapport rédigé par M. Rauter, professeur de droit à Strasbourg, signala la jurisprudence actuelle comme « résultant d'une interprétation » abusive des lois[1]. » L'administration avait cherché en effet un appui à son principe dans les lois du 20 août 1790 et du 6 octobre 1791[2]. M. Championnière qui sur ce point encore attaque les tendances de notre administration, ne voit ces lois accorder à l'Etat que le droit de fixer la hauteur des eaux[3]. Nous repro-

[1] Moniteur, n° 153. Supplément, 2 juin 1835.

[2] MERLIN, v° *Moulin* § 7, article 4.

[3] Voyez ses arguments de texte, pages 752 et suivantes.

duisons ces critiques sans prendre part à la discussion : nous croyons en effet sa solution théorique essentiellement subordonnée à la question de propriété des cours d'eau eux-mêmes, que nous voudrions voir vidée auparavant : si la propriété de l'Etat prévaut, il n'y a plus de difficulté, il disposera de sa chose : si au contraire les riverains sont définitivement proclamés propriétaires, c'est alors qu'on pourra agiter l'utilité de l'autorisation royale.

56. Il est généralement reconnu que la nécessité de ces autorisations a pour base le droit de police : c'est même la seule base que l'opinion favorable aux riverains puisse admettre pour être d'accord avec elle-même. Mais ce droit de police emporte bien d'autres conséquences, et sans parler des mesures que le roi, les préfets et les maires peuvent prendre dans leurs attributions respectives pour maintenir la salubrité et prévenir les inondations, il nous reste à dire quelque chose d'autres

mesures qui ont aussi pour objet la police des eaux : nous voulons parler des règlements d'eau, vaste matière qui pourrait, comme celle des usines, remplir à elle seule une dissertation particulière.

57. Un *règlement d'eau* ne mérite ce nom qu'autant qu'il règle le cours général d'une rivière, ou une notable étendue de ce cours [1]. C'est improprement qu'on appelle quelquefois *règlement d'eau,* l'ordonnance relative au régime d'eau d'une ou plusieurs usines [2]. L'objet principal

[[1] M. Nadault de Buffon (Des Usines, tome 1er, page 215), appelle au contraire *règlement d'eau*, l'acte administratif qui fixe la hauteur et les conditions d'une retenue d'eau. Peut-être est-il mieux d'accord avec la valeur grammaticale des mots, mais nous avons suivi la définition commune des auteurs.]

[2] Les derniers volumes de la partie supplémentaire du Bulletin des Lois contiennent, publiées par extrait, un nombre très-considérable d'ordonnances fixant ou modifiant le régime des eaux d'usines ou de moulins. [C'est une tendance remarquable de l'administration qu'il est bon de signaler ici, parce que derrière ce travail qu'on opère succesivement sur toutes les usines de France, s'abritent plusieurs prétentions nouvelles qui font naître des questions fort graves.

Ainsi l'administration peut-elle, par un règlement nouveau,

des règlements d'eau est de déterminer les conditions de l'irrigation, de répartir

changer le régime des eaux d'une usine *ancienne*, sans plainte ni provocation de la part des riverains ?

Peut-elle, lorsqu'elle ne change rien au régime d'une usine *ancienne*, et qu'ainsi l'intérêt public ne réclame aucune mesure nouvelle, forcer le propriétaire d'accepter une ordonnance qu'il n'a pas provoquée, et l'obliger à en payer les frais d'instruction ?

Peut-on, dans une ordonnance *nouvelle* fixant le régime d'une usine *ancienne*, insérer la clause qu'elle serait détruite sans indemnité, si l'intérêt public venait à le demander ? (Nous parlons toujours de rivières non-navigables ni flottables.)

Ces questions si graves, lorsqu'on examine en vertu de quels textes l'administration se donne un tel pouvoir, sont tranchées tous les jours, depuis quelques années, d'une manière peu respectueuse pour les droits acquis.

Mais en fait de règlements d'usines, voici encore bien d'autres questions. Nous analysions tout à l'heure (n° 55, pages 115 et 116) les discussions relatives au droit que peut avoir l'administration d'autoriser les usines sur les petits cours d'eau, nous parlions du droit de fixer la hauteur des eaux, et nous disions quelle est la part de la loi dans la pratique actuelle. Les questions suivantes, tranchées tous les jours dans ces nouvelles ordonnances fixant le régime des eaux, se rattachent à la même discussion et révèlent encore d'incessantes innovations. Voici les faits :

Les termes de la loi du 6 octobre 1791, font voir dans quel intérêt on fixe la hauteur des eaux : c'est pour protéger contre toute inondation les environs des usines, c'est pour prévenir les dommages, c'est pour maintenir la salubrité. Aussi l'administration ne s'est-elle longtemps reconnu qu'un seul droit : celui de fixer la hauteur *maximum* des eaux en plaçant des repères et en exigeant qu'il y ait des déversoirs. Aujourd'hui elle se donne deux attribu-

les eaux soit entre les diverses usines, soit entre les arrosants, et de concilier les in-

butions, elle fixe, lorsqu'il lui plaît, non-seulement le niveau supérieur, mais encore le niveau inférieur ; elle pose un repère *maximum*, puis encore un repère *minimum* ou en contre-bas ; elle dit à un usinier : lorsque l'eau s'élèvera à telle hauteur, vous ouvrirez vos écluses ; lorsqu'elle descendra à tant de millimètres plus bas, vous les fermerez. Elle le dit même au propriétaire d'une usine ancienne autorisée et bâtie sans cette condition, et en possession du droit d'épuiser tout son bief. Et comme aucune limite n'est mise à cette justice distributive, déposée entre les mains des préfets ou de leurs bureaux, et dans celles du conseil des ponts-et-chaussées, on pourra rapprocher tellement les deux repères, le *maximum* et le *minimum*, qu'au moindre changement de niveau l'usine sera forcée de s'arrêter. De sorte qu'aujourd'hui naissent ces nouvelles questions :

1o L'administration peut-elle forcer un usinier à élever son déversoir à la hauteur du repère ?

Voici l'intérêt de cette question : sur certaines rivières où des crues subites arrivent fréquemment, beaucoup de déversoirs sont un peu moins élevés que le repère, afin d'éviter les chances d'inondation et la responsabilité qui en est la suite, afin de s'affranchir d'une surveillance trop continuelle. L'administration détruit donc ce moyen de compensation en fixant une hauteur *minimum* en contrebas, même sur ces folles rivières, et en ordonnant l'élévation du déversoir à la hauteur du repère.

2o L'administration peut-elle obliger à maintenir une écluse, à entretenir des vannages ? ou encore : à fermer ces vannages et à les mouvoir, lorsqu'une usine n'est pas louée, n'est pas occupée ?

3o Un propriétaire de barrages, d'une retenue, peut-il y renoncer et les détruire sans autorisation administrative, en rendant les

térêts trop souvent opposés des riverains et des usiniers. Les règlements d'eau sont

eaux à leur cours naturel ? — *Quid* en ce qui concerne les riverains ? ont-ils pu prescrire la hauteur des eaux ?

Cette question peut aussi avoir sa gravité : tel barrage est devenu plus onéreux que profitable. Dans certains cas encore les barrages sont tellement voisins, qu'ils s'entre-annihilent. Si par exemple deux usines sans valeur, deux chutes d'eau sans puissance, parce qu'elles étaient trop rapprochées sur la même rivière, se trouvent réunies dans la même main, leur propriétaire commun pourra-t-il sacrifier l'une d'elles pour concentrer toute la force sur l'autre, et créer ainsi un moteur plus puissant que les deux précédents ? L'administration peut-elle au contraire s'opposer à la suppression de la retenue, des barrages devenus nuisibles à leur propriétaire, faut-il son autorisation pour revenir à l'état primitif des choses ? — Sur cette difficulté, il ne faut pas perdre de vue que beaucoup d'auteurs, même des plus imbus de ce que M. de Cormenin appelle quelque part la doctrine des ponts-et-chaussées, admettent que les retenues d'eau sont des propriétés privées. (Voyez ci-dessus, page 113, à la note.)

4° Enfin, dernière question, si l'usinier n'obtempère pas à l'injonction administrative, s'il tient comme non-avenue la fixation d'un *minimum*, quelle sera la sanction de l'ordonnance ? Certes, aucun tribunal n'appliquera alors l'art. 457 du Code pénal, fait dans un intérêt de police, c'est-à-dire de sûreté et de salubrité, et seulement pour punir la sur-élévation des eaux. Placerez-vous l'usinier entre deux pénalités, l'une qui le frapperait s'il abaisse les eaux, l'autre qui le menace s'il les fait déborder ? Et comment accorder la fixation d'un niveau *minimum* avec la sage précaution habituellement, prise sur certaines rivières, d'ouvrir en aval toutes les vannes, toutes les écluses, et d'épuiser à l'avance les étangs

des règlements d'administration publique, qui doivent être établis en la forme ordinaire, c'est-à-dire par ordonnance du roi prise en conseil d'État : les préfets en cette matière ne peuvent prendre que des me-

et les retenues des usines lorsque des crues d'eau sont possibles en amont ?

Terminons cette question nouvelle des tenues *minimum*, en faisant remarquer que si l'obligation d'avoir une repère en contre-bas, paraît être une obligation illégalement imposée par l'administration lorsqu'il s'agit d'autoriser une usine nouvelle, *à fortiori*, une telle clause deviendrait inique lorsqu'il s'agit d'un nouveau règlement pour une usine déjà existante, où il faut respecter des droits acquis.

Mais si le repère *minimum* est dans les circonstances ordinaires une atteinte à la propriété des retenues et chute d'eau, il est des cas où il peut devenir une nécessité pour la protection de ce genre de propriété. C'est lorsqu'il s'agit d'une usine qui s'alimente dans le bief d'une usine plus ancienne. Ce bief étant une propriété privée, une tenue *minimum* pourrait être imposée à l'usine, seconde en fondation, même par les tribunaux ordinaires, à titre de partage des eaux. Et si l'administration appelée à autoriser une nouvelle usine, s'apercevait que le nouvel établissement est de nature à appauvrir le bief d'un établissement déjà existant, elle pourrait sans doute obliger à un repère *minimum*, et elle trouverait son droit dans l'obligation de réserver les droits acquis. C'est dans ces cas seulement que les repères en contre-bas sont admissibles, et alors ils ne sont pas une innovation, car nous en connaissons des exemples déjà assez anciens.

sures provisoires[1]. Ils n'ont que l'exécution des règlements généraux.

Ce serait ici le lieu de s'occuper des questions relatives à l'établissement de gardes-rivières, et d'une taxe sur les riverains pour le salaire de ces gardes. Ce serait aussi le moment de parler des commissions syndicales des divers ordres d'intéressés; mais, nous l'avons déjà dit, nous ne pouvons aborder les détails.

58. Nous ne dirons plus qu'un mot à propos des rivières non navigables ni flottables : ce sera relativement à l'obligation qui pèse sur les riverains d'entretenir les berges et de curer la rivière. L'obligation de curer est la seule qui mérite quelques

[1] « Souvent ces règlements provisoires deviennent, par le temps » et par la force des choses, tout à fait définitifs. Témoin le règlement des eaux pour Lisieux, incontestablement la reine des » villes manufacturières du Calvados. Ce règlement date de 1811, » mais tant d'établissements ont été créés sur la foi de ce règlement provisoire que l'administration supérieure ne pourrait, » sans énorme injustice, changer ce règlement pour un autre arrêté définitif. »

(M. TROLLEY, Cours verbal professé à la Faculté de Caen.)

développements. La matière est réglée par la loi du 14 floréal an XI. Les travaux devant être faits avec ensemble, l'obligation du curage est *commune* à tous les riverains : ce caractère de *communauté* est la base du système organisé par la loi précitée, on ne doit donc pas le perdre de vue. Le curage s'opère d'ailleurs ou d'après les usages locaux et les anciens règlements, ou d'après les règlements d'administration publique. Tantôt ce sont les riverains qui font le curage eux-mêmes, tantôt l'administration le prend en main, et les frais sont alors répartis par contribution entre les riverains, suivant leur intérêt.

Le curage soulève très-fréquemment de graves questions que nous ne pouvons examiner ici. Nous ferons seulement observer que sur certaines rivières, il est porté jusqu'à l'abus, dans l'intérêt des usines. Les curages trop fréquents sont fort onéreux pour les riverains, non-seulement à cause des frais qu'ils occasionnent, mais encore à cause des dégâts qui frappent sur les propriétés voisines du cours d'eau. On détourne d'ordinaire les petites rivières pour les curer, et leurs eaux séjournent longtemps sur des terrains qui, n'étant pas riverains, ne devraient jamais souffrir du curage : l'eau placée hors de son lit endommage les clôtures, lave le sol végétal ou le couvre de gravier : presque jamais les propriétaires lésés ne peuvent se faire indemniser par l'usinier, qui seul profite de ces perturbations. Les curages trop fréquents ont, sur plusieurs cours d'eau, rendu illusoire le droit de pêche, autrefois très-avantageux et pour les riverains et pour les populations qu'il contribuait à alimenter : opéré toujours dans l'été, il est bien plus nuisible que tous les engins prohibés par le code de la pêche, dans l'intérêt de la conservation du poisson. — Les administrateurs qui ordonnent le curage devraient donc toujours examiner si l'intérêt (d'ordinaire assez minime) de l'industrie est supérieur à ces conditions d'économie politique et de ménagement pour les propriétaires environnants, que le trouble dans leurs cultures et dans leurs habitudes blesse encore plus que le préjudice appréciable en argent [1].

[[1] Nous ne pouvons nous associer à certains vœux trop généraux émis au Congrès central d'agriculture en 1847 et en 1848. Plusieurs de nos collègues à cette assemblée, discutant au point de vue exclusif de la salubrité, ont exagéré les avantages du curage et les inconvénients du non-curage. Nous eussions assurément protesté contre ces tendances, si nous avions assisté aux séances où ces questions ont été discutées. Le besoin de quelques localités malsaines ne peut être la règle de toute la France.]

DES NOUVELLES SERVITUDES D'AQUEDUC ET D'APPUI, OU DES LOIS DANGEVILLE ET LAFARELLE.

59. Les irrigations, qui font presque seules la fertilité de la terre dans les contrées du midi, avaient été très-perfectionnées dès une époque fort ancienne en Italie, en Espagne, et dans le midi de la France actuelle. La législation uniforme qui nous régit depuis le commencement de ce siècle contrariait en plusieurs points les habitudes, ou plutôt les nécessités agricoles des départements du Midi. Les États du roi de Sardaigne, la Lombardie, et plusieurs parties de l'Italie avaient vu maintenir dans leurs lois modernes les antiques dispositions qui favorisaient les arrosages très-avancés dans ces contrées : leurs codes consacraient spécialement le droit d'aqueduc ou la faculté de conduire les eaux sur la propriété d'autrui, et le

droit d'appui, c'est-à-dire la faculté accordée à un riverain d'appuyer un barrage pour l'irrigation sur la propriété du riverain opposé [1]. Plusieurs auteurs agricoles ayant présenté comme un grand moyen de progrès pour l'agriculture d'imiter par toute la France les irrigations déjà en vogue dans le Midi, on s'est bientôt enthousiasmé [2] pour la législation rurale de l'Italie. Un grand propriétaire qui avait voulu convertir des terres en prairies, et qui avait trouvé des obstacles de la part de ses voisins, M. le comte d'Angeville, proposa en 1843, à la chambre des députés, de déclarer les travaux d'irrigation d'utilité publique. Cette proposition ranima les espérances des pays méridionaux, et les vœux d'un grand nombre de Sociétés d'agriculture engagèrent les chambres à inscrire dans nos

[1] Voyez *suprà*, n°s 48 et suivants.

[[2] « Question des bestiaux..., question des engrais..., question des chevaux..., tout est dans l'irrigation du territoire. » (M. d'Esterno, au Congrès central d'agriculture, session de 1845.]

lois le principe du droit d'aqueduc, en modifiant toutefois la proposition de M. d'Angeville. Comme cette nouvelle servitude, analogue à celle d'enclave, froissait gravement l'indépendance de la propriété, on n'osa pas alors établir la servitude d'appui pour les barrages. Les partisans de la loi d'Angeville ne furent pas satisfaits, et de nouveaux écrits réclamèrent ce complément du système. Une loi qui vient de paraître a ajouté à notre législation le droit d'appui, sur la proposition de M. de Lafarelle [1].

60. Ces dispositions nouvelles ont généralement été accueillies avec défaveur dans le nord et dans l'ouest de la France, où les irrigations précieuses pour les prairies fauchées et la culture maraîchère, seraient funestes pour les céréales, les

[[1] La date de cette seconde loi des irrigations est du 11 juillet 1847.

La première, celle dite d'Angeville, est du 29 avril 1845.]

prairies artificielles et même les pâturages. Aussi pour faire une loi générale à peu près inutile aux départements septentrionaux, on n'a pas accordé tout ce que désiraient les agriculteurs du midi, où l'eau est indispensable pour toutes les cultures, et où l'on voit payer fort cher le droit d'irriguer non-seulement les prairies, les pâturages et les rizières, mais encore les oliviers, les vignes, les céréales, les plantes sarclées, et jusqu'aux pommes de terre. La France, sous le rapport des arrosages, se divise en effet en trois zones : le midi, où l'eau n'est jamais nuisible, et où l'on trouve des canaux et des aqueducs gigantesques pour sa conduite, comme dans le Roussillon ; le centre, où la pratique des irrigations commence à prendre faveur, et où l'on peut créer des pâturages fertiles, souvent avec la seule eau des chemins, comme dans le Nivernais ; enfin le nord et l'ouest, où le *baignage* n'est indispensable que pour les prairies à foin, et où les plus beaux herbages deviennent suffisamment fertiles par le séjour des bestiaux, par l'humidité naturelle du sol, et par la fraîcheur que répandent des plantations vigoureuses, comme la Normandie.

A nos yeux, le vice des nouvelles lois sur l'irrigation, est d'être les mêmes pour toute la France, car on n'a tenu compte ni du climat, ni de la constitution géologique du sol, ni des habitudes qui en résultent pour les populations. On eût pu, sans attenter au grand principe de l'uniformité légale, faire une loi spéciale pour les départements méridionaux, et satisfaire ainsi tous les intérêts.

61. Au reste, si ces lois ont cela de fâcheux qu'elles imposent de nouvelles servitudes à la propriété, elles ont moins d'inconvénients qu'on ne l'avait pensé d'abord. La loi d'Angeville est de droit étroit, et il a été dit solennellement aux chambres qu'on ne changeait rien d'ailleurs au Code civil. Elle a en vue surtout les eaux qu'un propriétaire possède sur

son fonds, c'est-à-dire les eaux de source et les eaux pluviales. Elles pourra aussi aider à faire passer sur des fonds éloignés les eaux concédées par l'Etat aux dépends des rivières domaniales. Quant aux petites rivières qui sont les plus nombreuses, la loi ne leur sera pas souvent applicable, car les propriétés riveraines ont seules le droit d'user de leurs eaux [1]. Les propriétés bâties et habitées sont exemptées de la servitude. Le passage n'est accordé que pour l'*irrigation* des terres, jamais pour des usages personnels, jamais pour un but d'agrément, jamais pour l'utilité de l'industrie. L'indemnité doit être préalable, et l'autorité judiciaire sera seule compétente. On fera à regret les frais d'un canal pour conduire l'eau d'un réservoir ou d'un torrent, et les rivières domaniales n'arrosent pas toutes les vallées. La loi d'Angeville sera donc rare-

[1] Voilà pourquoi M. de Mornay attaque si fort le droit exclusif que l'article 644 du Code reconnaît aux riverains. [Ce point, au reste, a été très-débattu aux chambres, tant en 1845 qu'en 1847.]

ment appliquée dans nos contrées : les propriétaires qui craignent les servitudes peuvent se rassurer.

62. Cette loi présente, d'un autre côté, de graves inconvénients : elle est trop peu complète pour ne pas faire naître des contestations dans les pays où on l'appliquera, et elle est loin de présenter le caractère auquel Bacon reconnaissait les bonnes lois : laisser le moins possible à l'arbitraire du juge [1]. On lui a reproché en outre d'être décrétée surtout pour la grande propriété, et d'être en résultat peu libérale et peu démocratique. — En résumé, nous croyons que pour la bien juger, il faut la voir à l'application, et quant à présent, nous ne pouvons que

[1] Legis tantùm interest ut certa sit, ut absque hoc nec justa esse possit..... Etiam illud rectè positum est : OPTIMAM ESSE LEGEM, QUÆ MINIMUM RELINQUIT ARBITRIO JUDICIS. (FR. BACONIS, baronis de Verulamio, de augmentis scientiarum, lib. 8. *Idea justitiæ universalis*. Tit. I, aphorism. 8.)

renvoyer aux commentaires qu'elle a déjà fait naître [1].

[1] Commentaire sur la loi du 29 avril 1845, par M. DAVIEL.

Commentaire de la nouvelle loi sur les irrigations, par M. Henri PELLAUT, docteur en droit.

[Commentaire de la même loi, par M. GARNIER.

MM. DUMONT ont aussi commenté la loi d'Angeville dans un chapitre de leur travail sur l'*Organisation légale des Cours d'Eau.*]

On connaît les principes de M. Daviel; quant à M. Pellaut, auteur de l'*Art de s'enrichir par l'agriculture en créant des prairies*, d'une *Réfutation de la proposition d'Angeville*, etc., son commentaire est le résumé des idées de MM. Nadault et de Mornay, aux savants ouvrages desquels il a beaucoup emprunté. M. Pellaut est à la tête d'une compagnie industrielle qui crée des prairies dans le centre et l'est de la France. [Il a été le rédacteur en chef du journal la *Presse Agricole*.

M. Duvergier a publié dans le *Moniteur de la Propriété et de l'Agriculture*, volume de 1847, la discussion de la seconde loi des irrigations (loi Lafarelle), analysée en forme de commentaire.]

DE QUELLES AMÉLIORATIONS

LA

LÉGISLATION DES COURS D'EAU

SERAIT-ELLE SUSCEPTIBLE ?

63. En abordant cette troisième partie, nous touchons presque à la fin de notre travail. Beaucoup de vues pour l'amélioration de la législation fluviale ont déjà été suffisamment indiquées dans ce qui précède : en signalant au fur et à mesure les points qui nous paraissaient défectueux, nous avons fait voir où il fallait porter le remède. Cette tâche était délicate, mais placés à un point de vue purement théorique, nous n'avons pas craint de hasarder de fréquentes critiques. Nous ne reviendrons sur aucune des difficul-

tés secondaires, parce que nous croyons qu'elles dérivent toutes d'une source principale. Si la nature de ce travail nous permet de nouvelles témérités, nous attaquerons encore notre législation fluviale dans son ensemble, ou plutôt dans son manque d'ensemble. Tous ses défauts, à nos yeux, sont la conséquence d'un vice constitutionnel, dont le seul remède serait une refonte générale, une codification où l'on verrait toutes les questions actuelles vidées d'après un ensemble de principes. Le grand mal vient surtout, comme l'a dit M. de Gérando, de ce qu'en cette matière les dispositions législatives sont très-peu nombreuses, et de ce que la jurisprudence, par une conséquence naturelle, est très-étendue [1]. Toute l'incertitude, toute l'obscurité, tout l'arbitraire viennent ou du silence de la loi, ou de son manque d'unité. Quand un service public est installé dans un édifice incomplet d'abord et

[1] De Gérando, Institutes du droit administratif. (Tome III, page 107.)

successivement agrandi par l'adjonction des masures environnantes, on ne tarde pas à sentir l'inconvénient de sa mauvaise situation, et bientôt l'Etat fait élever un monument spécial pour remplacer l'à peu près des constructions actuelles. Eh! bien, notre droit administratif est un assemblage pareil qu'il faudrait remplacer par un code large et régulier : les citoyens sont mal à l'aise dans le dédale de ses lois insuffisantes, rapiécées et vermoulues ; la jurisprudence qui les complète et les étaye n'est, pour achever la comparaison, qu'un replâtrage précaire et mensonger. Nous savons qu'il serait peut-être impossible de codifier tout le droit administratif à cause de la mobilité de quelques-unes de ses parties, mais la rédaction d'un code fluvial ne présenterait point de difficultés invincibles.

64. On a proposé de régler ce qui concerne les eaux dans un code rural, et le projet de ce code rural, avorté en 1810, présentait même quelques articles à ce

sujet. Nous croyons que ce ne serait encore qu'une demi-mesure. Les eaux en effet n'intéressent pas seulement l'agriculture, elles doivent aussi être réglées au point de vue de l'industrie, de la navigation, de l'administration générale. Il y a là bien assez de matières pour faire un code spécial[1]. Le projet de loi de MM. Aroux et Barbet qui n'avait rapport qu'à une seule branche du droit fluvial, comprenait déjà 14 chapitres[2]. Si le prin-

[[1] Sur la nécessité d'un code fluvial, voyez : *De l'emploi des eaux des rivières et ruisseaux qui ne sont ni navigables ni flottables* (article de M. le général DE CHAMBRAY, dans le *Moniteur de la Propriété et de l'Agriculture*, année 1842.]

[2] *Moniteur*, 2 juin 1835 (n° 153, supplém., page XI).

[Voici la manière dont cette loi projetée était divisée ; l'indication des titres proposés fait voir les matières qu'elle devait régir :

Titre 1. Des eaux pluviales.
2. Des sources.
3. Des cours d'eau privés.
4. Du curage et de l'entretien du lit.
5. De la jouissance des eaux.
6. Des canaux de dérivation et des aqueducs.
7. Des torrents et ravins.
8. Des digues et levées.
9. Barrages et entraves diverses au libre cours des eaux.
10. Des moulins et usines à eaux.

cipe des lois d'Angeville et Lafarelle s'étend dans nos mœurs, il faudra bien entrer dans des développements; la matière des irrigations forme, dans les lois étrangères que nous voulons imiter, un grand nombre d'articles. Un code fluvial, une législation générale des eaux serait donc notre rêve.

Voici quelques-unes des principales matières que nous voudrions y voir bien clairement réglées : On trancherait les difficultés qu'a révélées la pratique relativement aux rivières domaniales, et, arrivant aux cours d'eau de second ordre, on aborderait enfin cette question de propriété que nous avons présentée comme fondamentale. Nous savons que plusieurs

Titre 11. De la déclaration de navigabilité des cours d'eau privés.
12. Règlement général des cours d'eau.
13. Des syndicats et de la surveillance des eaux.
14. Des peines.

On voit que ce projet de loi, quoique beaucoup plus complet que tout ce que nous possédons, était loin d'embrasser toutes les matières, d'aborder toutes les questions de principe qui devraient entrer dans un code général des eaux.]

fois déjà les chambres n'ont osé la trancher ; nous savons qu'elle a été réservée lors de la discussion du Code de la Pêche, et qu'encore dernièrement, à propos de la loi d'Angeville, les commissions ont cru prudent de la laisser entière. Mais nous croyons qu'après les derniers travaux publiés, la discussion doit commencer à s'épuiser, et qu'il ne faut plus guères espérer de nouveaux documents. La question est donc mûre, et elle est trop difficile pour pouvoir être irrévocablement vidée par des arrêts, même du conseil d'Etat et de la cour de cassation. C'est à la puissance législative, de poser ici une base désormais certaine.

La propriété, ainsi bien définie, tous les droits privés se trouveraient fixés aussi, et l'action administrative se dégagerait de toutes les luttes qui l'embarrassent ; c'est alors que le pouvoir réglementaire et le droit de police seraient nettement organisés ; on ferait aussi clairement la part de l'agriculture et de sa rivale l'industrie, qui, alors suivant nous, deviendrait sa subordonnée. Dans l'économie de cet ensemble législatif, on éviterait autant qu'il se pourrait, d'imposer des charges à la propriété, de l'importuner par d'inutiles surveillances, de la grever de servitudes, de diminuer sa valeur d'agrément; on la laisserait aussi indépendante que possible. L'intérêt général, nous n'avons pas besoin de le dire, serait d'ailleurs toujours soigneusement réservé, ménagé. Les associations de propriétaires pour l'irrigation, les commissions syndicales, etc., pourraient être favorisées [1]. Au-des-

[[1] Pour favoriser les syndicats, il faudrait faire cesser la répugnance générale des riverains contre ces institutions, répugnance qui naît des inconvénients de leur organisation la plus ordinaire. D'abord, le conseil des ponts et chaussées applique aux syndicats de toutes les régions de la France, une même formule d'ordonnance qui, rédigée surtout en vue des contrées méridionales, froisse tous les usages des autres départements : c'est là un premier inconvénient. En second lieu, les associations syndicales entraînent maintenant des charges onéreuses pour les propriétaires, auxquels on impose et des honoraires d'ingénieurs, et des taxes établies d'une manière permanente pour rétribuer un personnel nombreux, les gardes rivières et autres préposés dont le nom varie à l'infini et qu'on appelle aussi *eygadiers, reygniers, banniers* dans le Midi, *arroseurs publics, gardes rigoleurs* dans le Nord. Ces charges ne sont

sus d'elles viendraient les tribunaux. Et comme une justice bien organisée et une procédure claire et rapide sont le complément indispensable des bonnes lois,

souvent compensées par aucun avantage et elles diminuent ainsi l'ancien revenu net des terres, au grand mécontentement des propriétaires qui ont, à juste titre, contesté plus d'une fois la légalité de taxes à caractère permanent. En troisième lieu, les commissions syndicales, en changeant la répartition des eaux, changent aussi l'état des fortunes et bouleversent les situations, car tel sol infertile n'a été bonifié qu'au détriment de l'héritage voisin. Enfin ce qui excite au plus haut point la défiance des intéressés, propriétaires de terres ou d'usines, c'est le mode de composition des syndicats, dont les membres et le directeur sont le plus souvent à la nomination du préfet, directement ou indirectement, et qui, n'obéissant qu'à l'impulsion de celui-ci, ne représentent presque jamais les intérêts et les sentiments des riverains auxquels ils n'offrent aucunes garanties. Les agriculteurs riverains voyent avec effroi les syndicats contribuer à placer l'exercice de leur droit à l'usage des eaux sous la dictature de l'administration. Aussi, lorsqu'il ne s'agit point de la création de canaux artificiels d'irrigation, mais seulement de la distribution des eaux des rivières naturelles, l'établissement des syndicats est-il ordinairement provoqué, non par les riverains, mais par l'administration. Je pourrais citer une ordonnance royale constitutive d'un syndicat qui a trouvé dans les populations une résistance telle, que depuis quinze ans elle est restée sans exécution. — MM. Dumont, dans leur ouvrage sur l'organisation légale des eaux, que nous avons déjà cité, voudraient voir nos lois armer l'administration d'un droit de *coaction* pour la formation des syndicats. — Ce n'est pas ainsi que nous croyons que doit être *favorisé* l'établissement de ces associations.]

les compétences aujourd'hui si embrouillées seraient aussi réglées : on tracerait la marche à suivre, les formes à employer. Un chapitre pour les pénalités compléterait le nouveau code.

65. Enfin, puisque nous avons abordé le terrain illimité des améliorations, qu'on nous permette de hasarder encore une dernière attaque contre la législation actuelle. Qu'est-ce que le flottage en effet, sinon une chose surannée? Nous voudrions là encore une réforme. Lorsqu'au XVIe siècle, trois bourgeois de Paris, Jean Rouvet, Jean Tournouer et Nicolas Gobelin, inventèrent la flottaison des bois, on était dans une situation bien différente de celle où nous sommes. Avec des voies de communication imparfaites, il y avait d'immenses forêts où de grandes valeurs en bois de charpente et de chauffage se perdaient faute de débouchés, tandis que notre marine éprouvait déjà une pénurie fâcheuse, et que la ville de Paris surtout, manquait de combustible. L'invention du

flottage, conséquence de cet état de choses, fut propagée par les grands seigneurs qui augmentèrent ainsi le produit de leurs forêts, gaspillées jusques là en concessions usagères. Le flottage à bûches perdues fut installé sur tous les ruisseaux en amont de Paris, dans l'intérêt exclusif de cette ville privilégiée, par l'ordonnance de 1672, dite l'ordonnance de la Ville.

Mais maintenant tout s'est modifié : il est évident que si le flottage était à inventer, l'invention n'aurait aucun succès de nos jours. Les prairies, les usines qui étaient souvent la propriété de ceux même au profit desquels on créait le droit de flottage ne sont plus dans les mêmes mains que les forêts, et ce droit pèse lourdement sur les propriétés riveraines sans compensation aucune pour le public. L'agriculture et l'industrie sont sacrifiées à de vieux usages forestiers. La moitié de nos forêts a disparu : ce qui en reste trouve dans nos routes, dans nos canaux, dans nos chemins de fer même, des débouchés rapides, assurés, et moins coûteux qu'autrefois, surtout si l'on considère que le séjour dans l'eau diminue beaucoup la valeur des bois. Employées à faire du charbon, à alimenter nos hauts fourneaux, les forêts ne peuvent plus suffire, est-ce que leurs auxiliaires actuels, les houilles et les bois étrangers ont besoin du flottage pour approvisionner les grandes villes, et satisfaire aux besoins de l'industrie? Le flottage est donc le produit arriéré, la conséquence prolongée de besoins qui ne sont plus : *cessante causâ, cessat effectus!* [1]

[[1] Ajoutons ici quelques lignes pour développer notre pensée, et écarter les objections que l'on pourrait faire contre l'abolition absolue du flottage, en montrant dans quelles limites et sur quelles rivières il serait utile de le supprimer. En premier lieu, on ôterait à l'agriculture et surtout à l'industrie la tyrannique servitude que leur impose le flottage à bûches perdues. En second lieu, on abolirait aussi le flottage à trains, mais moins radicalement, et seulement sur les très-nombreux cours d'eau à trop faible volume, où les bois ne peuvent être flottés qu'en retenant les eaux, en inondant les prairies, en faisant chômer les usines, et cela souvent dans l'intérêt d'un seul particulier. En un mot, le flottage ne devrait subsister que sur les grands cours d'eau, où il est supportable, et où il est véritablement public. — Ce sera un cas rare, car si on consulte le tableau annexé à l'ordonnance de 1835, qui énumère toutes les rivières dont l'Etat s'est réservé la pêche, on sera frappé du petit nombre de rivières simplement flottables qui y sont indiquées. Serait-ce parce qu'il n'y aurait que peu de rivières flottables en France? Non ; mais seulement parce que les rivières flottables, très-nombreuses au contraire, sont de misérables cours d'eau dont l'Etat a dédaigné les profits. Or, plus le cours d'eau est petit, et plus la servitude du flottage est onéreuse pour les riverains qui ne trouvent pas en compensation les avantages qu'offre la navigation. C'est à tort qu'on a assimilé le flottage à la navigation, car la navigation est libre pour tous, et sert à transporter toutes espèces de choses, en montant comme en descendant, caractères que n'a point la flottaison où le bois immergé est à la fois le véhicule et la marchandise. Une rivière navigable est une espèce de voie publique dont les riverains ont l'accès les premiers : l'exercice du flottage au contraire n'est point à la disposition du public sur les petites rivières. Enfin, pour tout dire en un seul mot : une rivière navigable répand la prospérité dans les contrées qu'elle parcourt, tandis qu'une rivière simplement flottable est, pour ceux qu'elle avoisine, une vraie calamité.]

OBSERVATIONS

SUR LES

FRAIS D'INGÉNIEUR

PRÉLEVÉS SUR LES RIVERAINS

OU

EXAMEN DE L'ARTICLE SOIXANTE-QUINZE

DU DÉCRET DU 25 AOUT 1804

(7 Fructidor an XII).

« Le besoin de la société aujourd'hui, c'est
» la *légalité*..... »

M. FOUCART, préface des Éléments
de Droit administratif.

OBSERVATIONS

SUR LES

FRAIS D'INGÉNIEUR

PRÉLEVÉS SUR LES RIVERAINS

OU

EXAMEN DE L'ARTICLE SOIXANTE-QUINZE

DU DÉCRET DU 25 AOUT 1804[1]

(7 Fructidor an XII).

INTRODUCTION.

1. Nous ne quitterons pas le sujet que nous venons d'étudier dans ce volume, sans aborder une matière qui s'y rattache intimement. Les frais qu'entraîne l'action administrative en matière de cours d'eau et qui sont mis dans la pratique à la

[1] Bulletin des Lois, 4e série, no 1068

charge des riverains, donnent lieu à des questions de l'intérêt le plus grave et le plus actuel. Nul travail n'a encore eu pour but de guider soit les administrés, soit leurs conseils, dans cette partie inexplorée du droit administratif. Cependant les honoraires qu'on est contraint de payer aux ingénieurs excitent presque toujours les réclamations de ceux à qui le payement en est imposé. La manière même dont ces frais sont taxés dans la pratique administrative mérite les plus vives critiques et doit soulever les plus sérieuses objections. Le décret du 25 août 1804, organique des ponts et chaussées, a été le point de départ de la taxe actuelle. Autorise-t-il la perception des frais énormes qui grèvent la propriété riveraine des cours d'eau? — C'est là une question qui a besoin d'être agitée. — Nous répondrons négativement dès l'abord.

2. Mais à côté de notre opinion personnelle et des arguments que nous invoquons, nous ajouterons avec soin tous les

documents qui peuvent diriger les intéressés. C'est dire qu'aux considérations spéculatives, nous joindrons tout ce qui peut être utile au point de vue pratique, en sorte qu'à côté des motifs qui porteraient à résister aux exigences de l'administration, on trouvera aussi l'indication complète des raisons pour une détermination contraire.

Ce travail sera ainsi un tableau critique des usages suivis en matière de frais administratifs pour les cours d'eau. Pour qu'il soit d'une utilité plus positive, nous y avons fait entrer des documents, arrêts, circulaires, instructions, qui n'avaient pas encore été réunis jusqu'ici.

3. Si cet essai ne provoque pas un allégement immédiat aux taxes si lourdes qui frappent les riverains, les manufacturiers, il sera au moins une protestation en leur faveur. Puisse, dans leur intérêt, la question par nous posée être relevée par des esprits plus puissants que le nôtre!

Mais l'intérêt privé n'est pas seul lésé

par l'esprit fiscal de l'administration des ponts et chaussées : les honoraires exigés par ses agents s'opposent surtout et à la gratuité si indispensable de l'action administrative, et à l'application usuelle des lois d'Angeville et Lafarelle que beaucoup de propriétaires n'osent invoquer, à cause des frais qu'entraînerait la moindre demande de prise d'eau ou de barrage ; l'obtention de la plus minime concession, de la plus simple permission.

4. Voici en effet ce qui se passe journellement : j'ai pour garants un certain nombre d'états de frais d'ingénieurs que je pourrais donner comme preuves. Un propriétaire demande l'autorisation d'établir une usine, de faire une prise d'eau, de placer un lavoir, ou simplement de modifier un état de choses ancien, de travailler à une digue, d'élever ou d'abaisser un repère : sa pétition ne recevra pas de réponse sans l'avis des divers agents de la hiérarchie des ponts et chaussées. Que sa demande soit accueillie ou reje-

tée, il doit s'attendre à une chose également certaine, l'arrivée de la note des ingénieurs ou conducteurs chargés du travail. Dans cette première hypothèse, le réclamant payera sans trop de répugnance, car il sait que c'est lui qui a provoqué par sa demande. Mais dans le cas suivant, il refuserait peut-être d'acquitter la taxe administrative, si le receveur d'enregistrement, chargé du recouvrement des honoraires en question mandatés par le préfet, n'était là pour employer tous les moyens de contrainte, y compris la saisie.

Voici cette seconde hypothèse : un riverain, usinier ou arrosant, possède un vannage ou une prise d'eau : ces établissements sont fondés sur une autorisation légale, leur propriétaire est tranquille parce qu'il en use selon les lois ; mais un voisin, intéressé ou non, forme une plainte contre cet état de choses consacré par le temps ou par l'autorité ; sa réclamation donne lieu à une enquête ; les ingénieurs vont sur les lieux, la pétition est admise ou rejetée. Admise, vous pensez peut-être que celui qui payera les frais de transport et les honoraires sera le provocateur de l'instruction ; rejetée, vous croyez qu'il en sera de même : parce qu'il aura profité, s'il réussit à obtenir quelque changement ; parce que, s'il succombe, c'est justice qu'il en supporte la peine... Eh bien, non, le riverain qui n'aura provoqué aucune instruction par son fait, qui n'aura commis aucune faute, qui sera resté dans les limites de son droit, pourra payer les frais occasionnés par son officieux voisin.

Il y a plus fort. Si l'administration, sans aucune demande de concession, sans aucun tort de la part du propriétaire, sans aucune plainte des voisins, si l'administration, dis-je, juge à propos d'envoyer d'office un agent des ponts et chaussées inspecter des barrages, des moteurs, des prises d'eau, surveiller un travail de curage, réviser les anciens règlements d'eau des usines, l'agent, quoiqu'il perçoive déjà un gros traitement payé par l'Etat, pourra encore obtenir sur le riverain ainsi inspecté, contrôlé, un mandat préfectoral, dont le total dépassera souvent une année de contributions, et absorbera peut-être le revenu entier!

5. C'est donc là un lourd impôt qui pèse sur la propriété, sur l'agriculture, sans vertir au profit du trésor public. C'est le cas d'attirer l'attention sur la régularité de sa perception, de voir si l'article 75 du décret n'a pas donné lieu à des applications fautives, d'examiner si la loi actuelle est aussi mauvaise que l'a faite la pratique, et dans ce dernier cas, d'appeler la réforme d'un état de choses qui met l'agriculture dans l'impossibilité de multiplier les irrigations, d'améliorer les cultures, et d'augmenter les prairies, selon le vœu des législateurs qui ont, dans ce louable but, rédigé de nouvelles lois.

6. Ce travail sera divisé en quatre chapitres : dans le premier, nous rechercherons comment le décret devrait être en-

tendu ; dans le second, nous dirons comment il est appliqué ; dans le troisième, consacré à des détails plus pratiques, nous nous occuperons des formes de recouvrement, des contestations et des compétences ; enfin, dans le quatrième, qui sera notre conclusion, nous résumerons la question surtout au point de vue de l'avenir et des améliorations législatives.

CHAPITRE PREMIER.

COMMENT LE DÉCRET DEVRAIT ÊTRE ENTENDU ?

7. Nous allons *à priori*, et sans nous inquiéter quant à présent de la pratique, discuter la portée de l'article en question et rechercher quel est son véritable sens. Voici ce texte : nous soulignons les passages qui fourniront des bases à notre argumentation, afin d'attirer sur eux dès ce moment l'attention du lecteur :

« 75. *En exécution de l'article* 13 du présent règle-
» ment, lorsque les ingénieurs des ponts et chaus-
» sées auront *prêté leur ministère* pour l'*exécution des*
» *lois et décrets* impériaux, et des *jugements des cours*,
» et lorsqu'ils auront été commis pour des travaux
» dépendant de l'*administration publique*, de *celle des*
» *départements et des communes*, ils seront remboursés
» de leurs frais de voyage et autres dépenses, et ils
» recevront en outre des *honoraires proportionnés* à
» leur travail.

» Ces honoraires seront déterminés par le temps » qu'ils auront employé, soit à faire des plans et pro- » jets, soit à en suivre l'exécution, sans que la base » puisse être établie sur l'étendue des dépenses.

» Les ingénieurs fourniront l'état de leurs frais et » indemnités, dont ils seront remboursés d'après l'ap- » probation, le règlement et le mandat du préfet.

» Ce mandat sera *exécutoire contre les particuliers* » qui, *intéressés* dans une affaire administrative, con- » tentieuse ou judiciaire, auront *été déclarés devoir* » *supporter les frais* dûs à l'ingénieur; et il sera pro- » cédé au recouvrement par *voie de contrainte*, *comme* » *en matière d'administration.* »

8. Nous remarquerons de suite que deux autres fragments du même décret doivent être rappelés ici : l'un d'eux donne des honoraires fixes aux ingénieurs et conducteurs des ponts et chaussées; l'autre, forme deux paragraphes de l'article 13 qui sont ainsi conçus :

« Ils (les ingénieurs) exécuteront ou feront exé- » cuter en outre, ceux des travaux pour lesquels ils » auront été commis par les lois, arrêtés du gouver- » nement, jugements des tribunaux.

» Ils pourront aussi être chargés, sur la demande » des préfets et sous l'approbation du directeur- » général (des ponts et chaussées), d'exécuter ou

» faire exécuter des travaux *étrangers aux ponts et* » *chaussées*, mais dépendant de l'administration pu- » blique, de celle des départements et des commu- » nes. »

9. Que résulte-t-il du rapprochement de ces textes? Il en résulte, 1° que les ingénieurs, conducteurs, et autres agents ont un traitement de l'Etat pour les travaux qui rentrent régulièrement dans leurs attributions; 2° que dans certains cas, on peut leur imposer une mission extraordinaire, des travaux *étrangers aux ponts et chaussées*, et qu'alors il leur est dû des honoraires en plus; que ces honoraires supplémentaires doivent être acquittés par ceux qui *auront été déclarés devoir les supporter*.

Tout cela, c'est la justice même.

10. Recherchons d'abord quels sont les fonctions ordinaires des ingénieurs, pour lesquelles ils n'ont droit qu'à leur traitement fixe, et ensuite, quels sont les travaux de surcroît pour lesquels la loi leur accorde des indemnités. Le décret, qui

prend grand soin de déterminer l'uniforme, les galons, l'estampage et jusqu'à la dorure des boutons de tous les employés des ponts et chaussées, n'est guères explicite sur ce point important.

11. C'est ici le lieu de recourir aux auteurs qui peuvent servir à interpréter cet obscur article.

Nous citerons d'abord le commentaire qu'on trouve dans un auteur estimé, M. Foucart, qui n'a au reste abordé aucune des questions que nous nous proposons de discuter. Voici comment s'exprime M. Foucart :

« Les ingénieurs en chef ou ordinaires » ne peuvent exécuter ou faire exécuter » que les travaux qui rentrent dans les » attributions de l'administration des » ponts et chaussées, et ceux qui leur » sont attribuées par des lois, des arrêtés » du gouvernement ou des jugements des » tribunaux ; par exemple, lorsqu'ils sont » nommés experts dans un procès. Ils » peuvent aussi être chargés, sur la de-

» mande des préfets, et sous l'approba-
» tion du directeur général, d'exécuter
» ou de faire exécuter des travaux étran-
» gers aux ponts et chaussées, mais dé-
» pendants de l'administration publique,
» de celle des départements ou des com-
» munes. Ils sont encore appelés à éclai-
» rer l'administration sur toutes les ques-
» tions de grande voirie, de règlement
» de cours d'eau et d'établissement d'u-
» sines, même sur des cours d'eau du
» domaine privé. Toutes les fois que les
» ingénieurs ont prêté leur ministère pour
» des travaux d'un intérêt privé, com-
» munal ou départemental, ou rentrant
» dans les attributions d'un ministère au-
» tre que celui des travaux publics, ils
» ont droit au remboursement de leurs
» déboursés et à des honoraires [1]... »

12. Rapprochons de ce commentaire les passages suivants d'un chapitre du

[1] FOUCART. Eléments de Droit public et administratif, tome II, page 280 (no 1008.)

traité des Usines, où M. Nadault de Buffon fait l'éloge et expose le caractère public de la mission des ingénieurs des ponts et chaussées :

« Les ingénieurs des ponts et chaus-
» sées sont donc les conseillers naturels
» de l'administration, soit dans les ma-
» tières d'art, soit dans les matières ad-
» ministratives ou contentieuses qui ren-
» trent dans la spécialité de leurs études.
» Leur participation à ce titre, dans
» toutes les matières de cette espèce, est
» même essentiellement liée à l'esprit de
» nos institutions actuelles... En tout
» état de choses, les ingénieurs du gou-
» vernement ne peuvent procéder en
» leur qualité, QUE DANS UN INTÉRÊT PU-
» BLIC [1]. »

13. M. Paillet, cité par M. Nadault, n'est pas moins explicite. Voici en quels termes il s'explique :

« Les ingénieurs des ponts et chaussées

[1] NADAULT DE BUFFON, des Usines, tome Ier, page 161.

» sont consacrés essentiellement au service
» public, quoiqu'ils soient quelquefois
» appelés à des travaux mixtes, c'est-à-
» dire touchant aux intérêts privés,
» comme en matière de cours d'eau,
» pour l'établissement des usines, le des-
» séchement des marais. Ils sont consti-
» tués par nos lois, témoins officiels,
» authentiques et nécessaires, pour rédi-
» ger certains actes, et pour constater
» devant l'administration supérieure, les
» faits qu'il lui importe de connaître. Ils
» sont appelés à donner leur avis sur
» beaucoup de questions contentieuses,
» sur les discussions relatives aux cours
» d'eau, sur les contraventions en ma-
» tière de grande voirie, et sur un grand
» nombre d'autres[1]. »

14. Ces citations exposent suffisamment et le caractère et l'étendue des attributions des ingénieurs. Il en résulte que si on a recours à leur ministère, c'est non

[1] PAILLET, Dictionnaire de Législation.

pas dans l'intérêt privé, mais au contraire dans l'intérêt public et général. Et si M. Paillet appelle *travaux mixtes* ceux relatifs aux cours d'eau, à l'établissement des usines, le caractère public de ces travaux n'en reste pas moins évident, puisqu'il reconnaît qu'ils *touchent* seulement aux intérêts privés.

15. Pourquoi donc les particuliers devront-ils salarier les ingénieurs pour une mission qui ne fait que *toucher* aux intérêts privés, mais qui doit souvent être contraire à ces intérêts, puisque « en tout » état de choses, les ingénieurs du gou- » vernement ne peuvent procéder en leur » qualité que dans un intérêt public. » (Nadault)? »

Est-ce que les travaux des ingénieurs en matière de cours d'eau ne sont pas compris dans les attributions pour lesquelles ces agents reçoivent un traitement du trésor public?

Les ingénieurs diront-ils au contraire qu'en venant instruire les affaires de cours d'eau, *ils prêtent leur ministère pour l'exécution des lois, qu'ils sont commis pour des travaux dépendant de l'administration publique*, et qu'en ce cas, aux termes du décret, ils doivent être remboursés de leurs frais et recevoir des honoraires?

Nous répondrons que si ce système était admis, en le poussant à ses conséquences logiques, il serait facile aux ingénieurs de se faire payer des honoraires, en outre de leur traitement fixe, dans toutes les opérations où ils seraient appelés, car toutes les fois qu'ils agissent, c'est certainement pour l'exécution des lois.

16. Les ingénieurs ayant un traitement fixe pour leurs fonctions ordinaires, et ne devant raisonnablement recevoir d'honoraires que pour des travaux en dehors de ces fonctions, leur droit à ces honoraires est donc une exception, et il faut rechercher dans quelles hypothèses on peut admettre cette exception.

17. A nos yeux, voici les cas seulement où les ingénieurs ont droit à une rémunération de surcroît :

1° Lorsqu'ils sont commis pour l'exécution des jugements des cours.—Leur rôle est le rôle ordinaire des experts : ils ont droit aux mêmes honoraires. Encore faut-il remarquer dans ce cas qu'ils sont assimilés entièrement à des experts ordinaires, qu'en conséquence leurs mémoires ne sont pas mandatés par les préfets, mais taxés par les tribunaux qui les ont commis ;

2° Lorsqu'ils font exécuter des travaux pour des communes. — Dans ce cas, ils sortent de leurs attributions ordinaires, ils remplacent ou assistent les architectes qui devraient être payés par ces communes, les communes leur doivent donc une indemnité;

3° Lorsqu'ils sont commis pour des travaux à la charge des départements. — Dans ce cas encore, ils dispensent les administrations départementales de recourir à un ingénieur privé : il est fort juste que les départements les payent [1]. — Aussi, nous voyons dans les budgets départementaux, les conseils-généraux ouvrir des chapitres pour honoraires d'ingénieurs ;

4° Lorsqu'en exécution des lois et décrets, ils sont chargés de travaux de l'administration publique. — En voici un exemple. Aux termes de l'article 4 du décret

[1] Voici ce qu'on lit dans le Dictionnaire de Droit public et administratif de MM. LERAT DE MAGNITOT et HUART DE LAMARE, au mot *Ponts et chaussées* :

Les ingénieurs « ont des rapports fréquents avec les préfets, les » sous-préfets et les maires, pour les objets que ceux-ci sont char- » gés de surveiller.......

» Avec l'administration des départements et des communes, » lorsqu'ils sont chargés, sur la demande des préfets et sous » l'approbation du directeur-général, d'exécuter ou faire exécuter » des travaux qui intéressent ces circonscriptions territoriales. » *Dans ce cas, ils ont droit au remboursement de leurs déboursés et* » *à des honoraires* [1].

» Enfin l'administration des ponts et chaussées éclaire par ses » rapports l'autorité supérieure sur les demandes en autorisation, » les pétitions et les réclamations de toute espèce qui se rattachent » aux objets de son service.

» Et dans les affaires contentieuses, soit dans les conseils de » préfecture, soit au conseil d'État, elle est également consultée, » et coopère ainsi à l'instruction de ces mêmes affaires. »

[1] Ils n'ont donc rien à prétendre dans les cas qu'énumèrent ensuite MM. de Magnitot et de Lamare.

du 23 avril 1810 et de l'article 28 du décret du 16 septembre 1811, explicatif de celui de 1810, les ingénieurs peuvent être appelés, concurremment avec des architectes à la direction de travaux de bâtiments ou établissements militaires, dans les villes non fortifiées. Eh bien, dans ce cas, comme l'explique nettement une circulaire du comte Molé, alors directeur des ponts et chaussées, en date du 17 avril 1812, il n'est pas douteux que les ingénieurs ne peuvent être commis, « qu'autant que » leur service ordinaire ne pourrait en » souffrir, » ou dans des cas de nécessité, par exemple, « s'il ne se trouvait point, » dans les villes où les travaux s'exécu- » tent, d'architectes qui méritassent la » confiance de l'administration. » Et cette circulaire ajoute avec justice : « Au reste, » lorsque les ingénieurs prêteront leur » ministère pour l'exécution des travaux » dont il s'agit, ils auront le droit de ré- » clamer, et le remboursement de leurs » frais de voyage et autres dépenses, et » des honoraires proportionnés à leur tra-

» vail, conformément à l'article 75 du dé-
» cret du 7 fructidor an XII » [1].

[1] Citons les passages les plus importants de deux autres circulaires, dont l'une signale un cas où il n'est point dû d'honoraires aux ingénieurs, et l'autre défend aux préfets de charger les ingénieurs de travaux étrangers à leurs fonctions sans autorisation :

Circulaire du directeur des ponts et chaussées (M. de Montalivet) *aux préfets.* (14 Mars 1808.)

...... J'ai reconnu la nécessité de vous donner des explications sur l'article 75 du décret du 7 fructidor an XII.

Il n'est point dû d'honoraires pour travaux à la *charge de l'État,* faits sur les fonds dont partie est fournie directement par le trésor public, ou par le Gouvernement, au moyen de concessions de propriétés publiques, et partie par des centimes additionnels que les départements ou les communes ont offerts pour ces travaux. Mais ce surcroît de travail n'en pourra pas moins être profitable aux ingénieurs qui en sont chargés; il entrera en considération dans la répartition des gratifications susceptibles de leur être accordées à la fin de l'année.

(Ravinet, Code des Ponts et Chaussées, tome 1er, page 405.)

Circulaire du 15 Mai 1813. (Direct. général, M. Molé.)

M. le préfet, la difficulté de trouver dans beaucoup de départements de l'Empire des architectes en état de projeter et d'exécuter les constructions civiles, a porté plusieurs fois S. Exc. le ministre de l'intérieur à en charger MM. les ingénieurs des ponts et chaussées.

Désirant connaître les travaux que chaque ingénieur dirige, je vous prie de m'adresser, le plus promptement possible, le tableau de ceux qui ne dépendront pas de mon administration et pour

Cette circulaire fournit un puissant moyen d'interprétation du décret en question. Elle justifie de plus en plus le système que nous soutenons, car nous y voyons les ingénieurs des ponts et chaussées prêter leur ministère pour l'exécution de DÉCRETS IMPÉRIAUX, étant commis pour des TRAVAUX de l'administration publique.

18. Les particuliers peuvent, il est

l'exécution desquels les ingénieurs de votre département prêtent leur ministère.

. . . .

Vous voudrez bien aussi, monsieur le préfet, ne charger désormais MM. les ingénieurs, ni les conducteurs sous leurs ordres, d'aucun travail étranger à leurs fonctions habituelles, sans une autorisation spéciale de S. Exc. le ministre de l'intérieur ou de moi, conformément à l'article 13 du décret impérial du 7 fructidor an XII.

(RAVINET, Code des Ponts et Chaussées, tome 1er, page 711)

Circulaire ministérielle du 12 Juillet 1817.

Nous rejetons à la fin du volume, à cause de sa longueur, cette circulaire importante qui déclare positivement que les travaux dont s'occupe l'article 75 du décret, et pour lesquels il est dû des honoraires, sont des travaux ÉTRANGERS AU SERVICE DES PONTS ET CHAUSSÉES.

vrai, avoir aussi à supporter des honoraires d'ingénieur, car un paragraphe de l'article 75 contient cette disposition :

« Ce mandat (le mandat du préfet) sera exécutoire » contre les PARTICULIERS qui, intéressés dans une » affaire administrative, contentieuse ou judiciaire, » auront *été* DÉCLARÉS *devoir supporter les frais* dûs à » l'ingénieur... »

Les particuliers ! Peut-on de ce paragraphe induire la légitimité des honoraires en matière de police, telle qu'instruction de demandes, surveillance de curage, autorisations de barrages ? Nous ne le croyons pas. Examinons en effet les termes de cet alinéa :

Auront été déclarés devoir supporter les frais dus à l'ingénieur.

Cela suppose une *déclaration* préalable, antérieure au mandat du préfet, et cette déclaration ne peut alors se trouver que dans certains actes :

Par exemple, dans des jugements de condamnation émanés, soit des tribunaux ordinaires, soit des tribunaux administratifs ;

Dans des marchés passés avec l'administration ;

Dans des concessions purement facultatives et gracieuses de l'autorité administrative.

19. Je reprends :

Des jugements de condamnation, cela va de soi-même.

Des marchés. On comprend qu'un entrepreneur, chargé de la confection d'un travail d'art, construction d'un pont, d'une digue, de bâtiments militaires, comme dans les circulaires citées plus haut, pût avoir besoin pour ses travaux du concours, de l'assistance d'un ingénieur ; il pourrait se faire alors que les termes du marché passé avec cet entrepreneur missent à sa charge les honoraires de l'ingénieur.

Des concessions. Si nous refusons aux ingénieurs toute espèce d'honoraires pour les avis qu'ils donnent en matière de règlements d'eau, d'autorisations et de règlements d'usines, de barrages, de prises d'eau, de vérifications de travaux, nous parlons surtout des rivières non flottables, de celles que M. de Cormenin appelle cours d'eau privés. Là, en effet, les riverains en demandant une prise d'eau, un barrage, ne demandent que ce qui leur appartient, puisqu'ils ont au moins l'usage des eaux ; l'autorité en surveillant cet usage, n'use que du droit de police, et aucune taxe ne doit pour cela être imposée aux riverains. Toute autorisation d'usine, de barrage où l'administration stipulerait des honoraires pour l'ingénieur, consacrerait par cela même une spoliation au préjudice du riverain. Mais lorsqu'il s'agit de rivières navigables et flottables, de rivières propriété du domaine, la thèse change, l'administration n'autorise plus, elle concède, elle donne ; le riverain n'avait aucun droit particulier à l'emploi des eaux, l'administration lui permet de s'en servir, elle est libre alors de mettre telle clause qu'il lui convient dans l'acte de concession. Si elle peut concéder, elle peut dicter des conditions, par conséquent imposer des honoraires pour l'ingénieur qui a donné son avis, c'est à prendre ou à laisser.

Mais dans cette hypothèse même d'une concession, il faudrait encore que les honoraires fussent stipulés dans l'acte, qu'ils fussent une condition de la concession, en un mot que le concessionnaire *ait été déclaré* devoir supporter les frais dus à l'ingénieur. Plus tard il y aurait surprise; par exemple, si la déclaration que le concessionnaire devra supporter les frais, n'était faite que dans le mandat du préfet.

Aussi, dans la pratique, toutes les ordonnances qui concèdent des prises d'eau sur les rivières du domaine contiennent toujours la clause que les *concessionnaires après les travaux achevés, en feront constater l'état à leur frais par un rapport d'ingénieur*[1].

[1] Cette clause est insérée dans toutes les ordonnances, soit qu'il s'agisse de concession, comme pour les rivières du domaine, soit qu'il s'agisse d'une simple autorisation, comme pour les rivières du second ordre. Elle est commune aux ordonnances relatives aux

Au point de vue du droit privé, le concessionnaire averti, ne peut se plaindre de ces frais. Mais au point de vue de l'ordre public, nous soutenons encore que ces honoraires sont abusivement stipulés : 1° Parce que si un sacrifice pécuniaire est

prises d'eau et à celles concernant les barrages et usines. — Il est à remarquer que dans ces diverses espèces d'ordonnances, concessions, autorisations, règlements, cette clause est la seule qui impose le payement de frais. Qu'ainsi les seuls frais mis à la charge des concessionnaires, impétrants, etc., consistent dans le rapport d'ingénieur constatant l'état des travaux après leur achèvement. Comment les préfets peuvent-ils en mandater d'autres ?

C'est une simple instruction émanée du ministre de l'intérieur François (de Neufchateau), qui a imposé l'obligation « au concessionnaire de faire, *à ses frais,* après les travaux achevés, constater leur état par un rapport d'ingénieur. » Mais cette instruction n'avait pour objet que les *concessions*, et non les simples autorisations, dont elle ne s'occupe pas, car elle avait pour but d'interpréter l'arrêté du 19 ventôse an VI, relatif aux rivières navigables et flottables. Cette circulaire mettait aussi « aux frais de la partie requérante » toujours dans l'hypothèse d'une concession sur une rivière du domaine « la formation du plan » que nécessitait sa demande. Lors même qu'on pourrait reconnaître que le ministre avait le droit d'imposer le payement de frais, il resterait la question de savoir si cette circulaire, en date du 19 thermidor an VI (6 août 1798), n'a pas été effacée par le décret postérieur de l'an XII. Mais dans tous les cas, il est évident qu'on ne peut étendre l'application de ses dispositions au delà de l'hypothèse d'une concession.

imposé au concessionnaire, ce ne devrait être qu'une redevance au profit du trésor public, et non au bénéfice d'agents déjà salariés ; 2° parce que l'ingénieur n'a droit à aucuns honoraires, puisqu'il ne s'agit pas d'une mission en dehors du service ordinaire. Repoussons donc encore, quelle que soit la pratique en vigueur, l'hypothèse d'une concession.

20. Cette déclaration, préalable au mandat du préfet, ne fût-elle pas une condition visiblement exigée par les termes du décret lui-même, la raison seule démontrerait sa nécessité, car le préfet, dans son mandat, est obligé de s'en rapporter à l'ingénieur, partie prenante, dont il rend le mémoire exécutoire. Or, celui-là seulement qui a examiné une affaire et qui l'a jugée, peut dire quelle partie a tort, et doit en conséquence être condamnée aux frais; et l'ingénieur n'est ni juge, ni administrateur.

21. Si l'on reconnaît la nécessité de

cette déclaration antérieure au mandat du préfet, il faudra aussi reconnaître l'illégalité d'honoraires réclamés en vertu d'un simple mandat. Il s'en suivra aussi que les agents des ponts et chaussées n'ont point de droit à des honoraires pour la part qu'ils prennent à l'exercice de la police des eaux, puisque dans tous les cas où le droit de police est seul exercé, la déclaration préalable est impossible.

22. Le service des ponts et chaussées est richement rétribué : ses agents reçoivent un traitement fixe [1], leurs frais de bureau et de tournée sont largement payés, le gouvernement leur distribue

[1] Voici le chiffre des traitements fixes, abstraction faite des gratifications, indemnités, honoraires de surcroît, frais de bureau, etc., tel qu'il résulte du decret de l'an XII :

	1re CLASSE.	2e CLASSE.	3e CLASSE.
Ingénieurs en chef....	5,000 fr.	4,500 fr.	»
Ingénieurs ordinaires.	2,800	2,500	»
Conducteurs...........	1,500	1,200	1,000 fr.

Les ingénieurs en chef touchent en outre, pour frais de tournée et de bureau, de 3,600 fr. à 6,500, suivant les départements, et les ingénieurs ordinaires 800 fr., s'ils sont plusieurs dans le département, 1,000 fr. s'il n'y en a qu'un seul.

en outre des gratifications annuelles, pour stimuler leur zèle, l'article 75 leur accorde en plus des honoraires pour les travaux des communes, des départements et de l'Etat, dans certains cas que nous avons énumérés ; les conseils-généraux votent encore en leur faveur avec libéralité, des indemnités importantes, en sorte que la position financière des ingénieurs dépasse celle de la plupart des fonctionnaires publics. Pourrait-on croire que lorsque déjà ils ont reçu une part si brillante, ils pussent encore doubler leurs appointements fixes par un *casuel* énorme, prélevé sur les particuliers, et formé par la perception d'honoraires dans presque tous les cas où ils agissent au nom de l'administration ? Pourrait-on croire que lorsqu'ils remplissent des fonctions si bien rétribuées, lorsqu'ils sont déjà payés une fois par l'Etat, ils eussent encore le droit de se faire payer une seconde fois par les administrés ? Evidemment, non ! et si le législateur de 1804 avait voulu consacrer une si étrange anomalie, il l'eût fait en termes explicites. En analysant les expressions de l'article 75 du décret en question, nous avons justifié le législateur, car nous avons démontré que rien dans les termes de ce décret n'autorise cet inconcevable cumul. Or, c'est un texte fiscal, par conséquent de droit étroit.

23. Nous proclamerons donc la nécessité d'une seconde condition pour que le travail des agents des ponts et chaussées donne lieu à des honoraires, à savoir que *ce travail ne soit pas déjà rétribué par l'Etat.*

Nous avons vu précédemment quels travaux sont en dehors des attributions officielles pour lesquelles l'Etat donne un traitement aux ingénieurs, traitement accompagné de frais de bureau et de gratifications. Nous avons vu aussi qu'il faut, pour qu'un ingénieur soit chargé de travaux étrangers à ses fonctions, une loi, un décret ou un jugement, ou l'approbation du directeur-général sur la demande des préfets.

24. Pour résumer notre étude du texte et de la volonté présumée du législateur en une formule qui permette de reconnaître d'une manière certaine les cas où les ingénieurs de l'Etat ont évidemment droit à exiger des honoraires des particuliers, communes, etc., nous dirons que les ingénieurs du gouvernement ne nous semblent avoir droit à ces honoraires *que dans les cas où l'Etat, les départements, les communes, les particuliers auraient pu recourir à un ingénieur civil, à un ingénieur privé, et que c'est seulement parce que et lorsqu'ils jouent le rôle d'un ingénieur privé qu'ils ont droit à des honoraires particuliers.*

25. Cette doctrine, qui est celle d'une instruction ministérielle du 12 juillet 1817 [1], est corroborée par un dernier argument que fournit l'analogie d'un décret du 18 novembre 1810.

[1] Voyez cette instruction à la fin de cette dissertation.

Ce décret, contenant organisation du corps des ingénieurs des mines, et calqué en grande partie sur le décret organique des ponts et chaussées, mérite de lui être comparé, à cause du jour qu'il peut jeter sur le sens de ce texte de 1804, dont il est en quelque sorte une nouvelle rédaction.

Voici trois articles relatifs aux ingénieurs ordinaires des mines :

« 42. Ils pourront se charger des expertises en fait » de mines, et concernant les usines désignées dans » l'article 73 de la loi du 21 avril 1810, lorsque ces » expertises auront été ordonnées par les tribunaux » ou demandées par les parties contendantes.

» 43. Ils pourront, en outre, avec l'autorisation du » directeur-général, et sur la demande des concessionnaires, lever des plans de mines, et suivre des » travaux d'exploitation ou des constructions d'usines; mais ils ne pourront ni verbaliser, ni faire » de rapport, ni s'immiscer d'une manière quelconque dans les affaires judiciaires ou administratives auxquelles lesdites exploitations donneraient » lieu.

» 44. Les indemnités qui leur seront allouées pour » ce travail particulier, seront payées de gré à gré

» par les concessionnaires ou exploitants ou après » avoir été taxées d'office par les préfets ou tribu- » naux. »

Voici maintenant un article tout à fait corrélatif à l'article 75 du décret de 1804 que nous discutons :

« 89. Lorsque les ingénieurs des mines auront été » employés par l'exécution des jugements des cours, » et lorsqu'ils auront été commis pour des travaux » dépendant particulièrement des départements et » des communes, ou qu'ils auront été requis, comme » experts dans des discussions entre des exploitants, » chefs d'usines et autres particuliers, ils seront rem- » boursés de leurs frais de voyage et autres dépenses » d'après la fixation qui en sera faite par les cours, » les tribunaux ou le préfet, selon les cas, et d'après » un mandat du préfet, rendu exécutoire, ou en » vertu d'une ordonnance de justice. »

26. De ces quatre articles qui ont une analogie si frappante avec notre texte relatif aux ingénieurs des ponts et chaussées, il résulte évidemment que les ingénieurs des mines n'ont droit à des honoraires en sus de leur traitement que dans les cas suivants :

1° Service privé en dehors de leurs attributions officielles, suspensif même de leur service public, aux termes de l'article 43.

2° Expertise par l'ordre des tribunaux.

Enfin il résulte aussi que la fixation des honoraires est faite par l'autorité compétente (les cours, les tribunaux ou le préfet) avant le mandat du préfet.

Conditions qui sont celles dont nous soutenons l'existence indispensable pour donner lieu à la perception légale d'honoraires pour les agents des ponts et chaussées aux dépens des riverains en matière de cours d'eau.

C'est une nouvelle preuve de l'exactitude de notre argumentation.

CHAPITRE SECOND.

COMMENT DANS LA PRATIQUE ADMINISTRATIVE LE DÉCRET EST APPLIQUÉ.

27. Telles sont les raisons pour soutenir que la taxe aujourd'hui perçue au profit des ingénieurs sur les riverains et usiniers est abusivement imposée.

Enumérons maintenant les raisons qui peuvent porter les riverains et les propriétaires contre lesquels le préfet décerne un mandat exécutoire, à se soumettre à la perception de cette taxe.

Ces raisons sont : 1° une pratique déjà anciennement consacrée dans les bureaux ; 2° un certain nombre d'arrêts, qui sans avoir eu directement la question pour objet, l'ont néanmoins implicitement résolue ; 3° un *projet* d'instruction ministérielle ou d'ordonnance sur lequel s'appuye le conseil des ponts et chaussées et dont il s'est fait un règlement intérieur.

Nous allons examiner une à une chacune de ces raisons, mais nous remarquerons tout d'abord qu'aucune d'elles ne détruit les arguments que nous avons précédemment développés. Ni la pratique, ni la jurisprudence, ni les règles adoptées par le conseil des ponts et chaussées, ne peuvent servir de base légale à une taxe, et élargir le texte étroit d'un décret fiscal.

1° *Ancienneté de la pratique.*

28. L'historique de la manière dont le décret que nous discutons a été appliqué, des variations qu'a subies son interprétation suivant les temps et suivant les lieux, entraînerait de longs détails. Disons seulement que la pratique actuelle semble n'avoir pris naissance que plusieurs années après la publication du décret, que jusqu'en 1818 les circulaires émanées du

ministère tendent toutes à interpréter le décret d'une manière restrictive, que dans certains départements l'administration était moins fiscale que dans d'autres, et que le comble a été mis aux usages aujourd'hui en vigueur, seulement depuis la création du ministère des travaux publics, en 1830.

29. Quant à la pratique actuelle, pour en donner le tableau, nous ne pouvons recourir à un auteur plus digne de confiance que M. Nadault de Buffon. Dans le tome II de son traité des Usines, sous la rubrique de l'instruction des demandes, on trouve un certain paragraphe 9, intitulé *Frais et honoraires*, où après avoir cité les textes de notre décret, il s'exprime en ces termes :

« Dans l'usage, le tarif des honoraires
» alloués aux ingénieurs *pour l'instruc-*
» *tion des demandes concernant les usines*
» *et cours d'eau*, est le même que celui
» des honoraires des experts, dans le
» ressort des diverses cours royales. Pour

» la plupart des départements, ce tarif » est de 6 francs par vacation de trois » heures de travail ; dans quelques au- » tres, notamment dans celui de la Seine- » Inférieure, le même tarif porte les va- » cations à 8 francs[1]. Dans tous les cas, » les honoraires, réglés sur cette base, » comprennent la totalité du temps exclu- » sivement employé par les ingénieurs, » soit sur le terrain, soit dans le cabinet, » à l'instruction des affaires qui leur ont » été renvoyées, et sans qu'ils puissent » rien prétendre en sus pour frais d'au- » berge, expédition ou visas de plans, » *ni autres faux frais, quelqu'ils soient.* » *Quant aux frais de journées d'em-* » *ployés*, porte-chaînes, manœuvres ou » cantonniers, occupés soit aux opéra- » tions sur le terrain, soit au transport

[1] Nous ajouterons à ce que dit M. Nadault, que, dans la pratique la plus répandue, l'ingénieur en chef seulement touche 6 fr. par vacation. Les vacations des ingénieurs d'arrondissement sont à 4 fr.; celles des conducteurs à 2 fr., et celles des piqueurs aussi à 2 fr. Nous contesterons plus loin la légalité des honoraires accordés aux piqueurs.

» des instruments, ou à toute autre dé-
» pense occasionnée par suite de la de-
» mande et *étrangère au service public de*
» *l'ingénieur*, l'état dressé par ce fonc-
» tionnaire est joint à celui de ses hono-
» raires, et transmis par l'ingénieur en
» chef au préfet qui en arrête le règle-
» ment et le rend exécutoire.

» On avait autrefois l'habitude *d'exiger*
» *que les pétitionnaires fissent*, au secré-
» tariat de la sous-préfecture, *la consi-*
» *gnation préalable de la somme présumée*
» *nécessaire* pour subvenir au payement
» des frais et honoraires sus-mentionnés,
» mais on a généralement renoncé à *ce*
» *moyen*[1], *qui n'est pas indispensable*,
» pour assurer l'exécution de l'art. 75
» du décret précité, puisque cet article
» déclare formellement que les mandats
» que délivrent les préfets, pour cet ob-

[1] Ce moyen qu'on employait autrefois, atteste que l'interprétation actuellement donnée au décret avait d'abord trouvé de la résistance ; c'est évidemment par cette exigence de la consignation préalable de la *somme présumée nécessaire* qu'on est arrivé à faire prévaloir les usages aujourd'hui suivis.

» jet, sont exécutoires comme en matière » de contributions publiques [1]. »

[1] A ce propos, nous joindrons à cette citation du traité *des Usines*, le texte entier d'une des plus anciennes circulaires préfectorales rendues sur l'objet en question, où nous verrons les commencements de la pratique actuelle. Cette circulaire émanait de la préfecture de l'Eure [1].

« Evreux, le 18 août 1808.

» PONTS ET CHAUSSÉES.

» LE PRÉFET du département de l'Eure,

» *A MM. les Sous-Préfets et Maires du même département.*

» Les communes et les particuliers, Messieurs, m'adressent » souvent des demandes sur lesquelles je ne puis prononcer qu'a» près avoir demandé et obtenu un rapport des ingénieurs, qui, » suivant l'article 13 du décret impérial du 7 fructidor an XII, » peuvent être chargés d'exécuter ou faire exécuter des travaux » étrangers aux ponts et chaussées, mais dépendant de l'adminis» tration publique, de celle des départements et des communes. » Je suis autorisé par l'article 75 du même décret à régler les » honoraires dus pour frais de voyage, *levée de plans*, *rédaction de* » *projets* et indemnités, à décerner un mandat exécutoire contre » les particuliers qui, intéressés dans une affaire, *auront été dé-* » *clarés devoir supporter les frais dus aux ingénieurs*, et à faire » procéder au recouvrement, par voie de contrainte, *comme en* » *matière d'administration*.

» Les constructions de moulins et usines, la vérification et le » nivellement des rivières et cours d'eau, sont des *opérations étran-*

[1] On la trouve imprimée dans le Bulletin de correspondance de la préfecture de l'Eure, No 326, tome de 1808, page 412.

2° *Arrêts.*

30. Sept arrêts du conseil d'Etat énumérés par M. Nadault de Buffon, et un

» *gères au service des ingénieurs,* et toutes les fois que je les invite » à s'occuper de la rédaction des plans, nivellement et rapports » sur les projets d'établissement, ou les contestations existantes » entre des propriétaires riverains, ils ont droit de demander que je » fixe et détermine l'indemnité à leur payer par les communes, ou » particuliers, dont la demande m'a donné occasion de provoquer » leur ministère.

» Je dois vous prévenir, Messieurs, *que je ne recevrai* des com» munes ou des particuliers *aucune demande* relative à la construc» tion de moulins et usines, aux travaux le long des rivières et » cours d'eau, *si les pétitionnaires ne joignent à leur demande* » *l'obligation de payer aux ingénieurs* l'indemnité qu'il ME PLAIRA » *de fixer,* et dont j'ordonnancerai le montant pour être recouvré » *sur les particuliers,* lorsque les ingénieurs se transporteront sur » les lieux. Je réglerai cette indemnité, suivant la base adoptée » jusqu'à présent à raison de 24 fr., par jour, pendant le temps » du voyage et des opérations.

» Veuillez, Messieurs, donner quelque publicité à cet avis, afin » que des particuliers ne m'adressent point INDISCRÈTEMENT des » *pétitions qui n'auraient d'autre* résultat que de leur avoir occa» sionné des dépenses inutiles.

» Agréez, Messieurs, mes salutations,

» ROLLAND-CHAMBAUDOIN. »

Etrange circulaire où un préfet ne craint pas d'avertir ses administrés qu'il rejettera les pétitions qu'on sera assez *indiscret* pour

arrêt de la cour de cassation, peuvent être invoqués à l'appui de la pratique suivie. Mais en examinant leur contenu, on reconnaît que les questions par eux tranchées étaient des questions de compétence, ou autres difficultés accessoires, la question de savoir si des honoraires étaient dus n'ayant jamais été agitée en principe ni résolue au fond.

Nous nous occuperons de ces arrêts lorsque nous aborderons les contestations qui peuvent naître de la perception de ces honoraires.

3° *Dispositions d'un règlement intérieur de l'Administration des Ponts et Chaussées.*

31. Voici un texte qui serait assurément la consécration la plus formelle de

lui adresser sans argent, c'est-à-dire qu'il rejettera, avant de s'enquérir si elles sont justes, les demandes où l'on ne s'obligera pas à l'avance (sans savoir jusqu'où ira l'engagement) à payer à l'administration des ponts et chaussées la somme indéterminée QU'IL PLAIRA plus tard à M. le préfet de fixer !....

la pratique suivie, s'il était revêtu des caractères et de l'autorité de la loi. Mais M. Cotelle, qui l'a publié pour la première fois, nous avertit que ce *travail important*, œuvre *d'une commission composée d'habiles ingénieurs*, est *demeuré inédit, et n'a pas même été publié sous la forme d'instruction.* Si donc, comme le dit M. Cotelle, les dispositions de ce document n'ont jamais été contredites par l'expérience, ni par la jurisprudence du conseil d'Etat; si par conséquent elles *méritent d'être étudiées avec recueillement et confiance*, c'est parce qu'en général ce document a été réduit au simple rôle de *règle intérieure de l'administration centrale.* Sans doute l'administration a eu le droit d'adopter un règlement pour retracer, aux ingénieurs et à tous les employés et agents de la direction des ponts et chaussées, les formalités à remplir, mais ces prescriptions ne peuvent être admises que du supérieur au subordonné. Et on ne peut trop protester contre la prétention d'une commission anonyme, d'imposer ses lois aux particuliers, contre l'exorbitante hardiesse d'ingénieurs qui, de leur autorité privée, tracent dans de longs articles le tarif des honoraires que les particuliers devront payer à d'autres ingénieurs leurs confrères !

32. Nous donnons la partie fiscale du texte de ce document :

« *Propositions d'une commission sur les formalités* » *à remplir pour autoriser les établissements d'usines* » *sur tous les cours d'eau sans exception* [1]. »

. . . .

« TITRE III. Opérations à faire par *MM.* les Ingénieurs. »

. . . .

« 38. L'ingénieur ordinaire termine son rapport » par l'énoncé des charges et clauses particulières » qui devront être imposées au concessionnaire en » sus des conditions générales dont il sera parlé ci- » après. »

. . . .

« TITRE VI. Conditions générales. »

. . . .

« 52. Les dépenses relatives à la demande en auto- » risation seront réglées et visées par le préfet.

[1] Cette pièce se trouve en entier dans le Cours du Droit administratif de M. COTELLE, tome III, page 780 (2e édition).

» Elles seront supportées par le requérant, lors » même que sa requête devrait être rejetée ou qu'il » renoncerait à jouir de la concession demandée et » obtenue.

» 53. Aussitôt qu'il aura été définitivement statué » sur la demande, le préfet délivrera contre qui de » droit un mandat exécutoire des sommes dues pour » frais de voyage et honoraires, lequel mandat sera » adressé au percepteur de la commune pour en faire » le recouvrement.

» En cas de refus de payement, il sera procédé au » recouvrement, par ordre du préfet, par voie de » contrainte et à la diligence dudit percepteur; » comme en matière d'administration, les frais de » contrainte seront supportés par la partie en retard » de payer.

» La somme due aux ingénieurs et conducteurs, » déduction faite des frais ordinaires de perception, » qui, dans tous les cas, seront à leur charge, leur » sera remise par le percepteur, et il lui en sera donné » quittance. »

« TITRE VII. Situation des dépenses et honoraires pour les affaires d'usines et cours d'eau. »

« 54. Les frais d'huissier et de contrainte, ceux de » timbre et d'enregistrement, ceux pour coût et ex- » pédition des actes d'administration, seront taxés » par le préfet comme en toute autre affaire admi- » nistrative; il ne sera question ci-après que du

» payement et des honoraires et autres dépenses re-
» latives aux opérations des ingénieurs. »

« 55. Pour éviter de faire consigner désormais par
» les parties les fonds présumés nécessaires pour
» l'instruction de l'affaire, il sera dressé par l'ingé-
» nieur ordinaire un état des frais de journée de pi-
» queurs, porte-chaînes, bateliers, ouvriers, ma-
» nœuvres et aides qui auront concouru à la levée
» du plan, au nivellement et autres opérations faites
» sur le terrain. Cet état comprendra les mémoires
» pour achat ou fournitures d'ustensiles et matériaux,
» pour loyer de bateau et pour toute dépense étran-
» gère au service personnel ou au bureau de l'in-
» génieur.

» Les sommes qui y auront été portées seront
» payées immédiatement et à la diligence du maire,
» par le requérant, *aux parties prenantes*, qui donne-
» ront leur acquit en marge dudit état, *sans qu'il soit*
» *nécessaire de le faire approuver* d'avance par le préfet.
» Cette pièce, visée par le maire, restera entre les
» mains de la partie payante; mais une expédition
» signée par l'ingénieur ordinaire, et également visée
» par le maire, avec mention de payements effectués,
» sera jointe aux pièces du dossier. »

« 56. Les frais de déplacement des ingénieurs et
» conducteurs seront payés comme il suit, en raison
» des grades et de la distance parcourue, tant pour
» aller que pour revenir :

	PAR MYRIAM.		PAR POSTE.	
	fr.	c.	fr.	c.
Savoir : A l'ingénieur en chef......	12	»	10	»
A l'ingénieur ordinaire.....	6	»	5	»
Au conducteur............	2	»	1	65

« 57. Les honoraires pour le temps exclusivement » employé par les ingénieurs et conducteurs à l'ins- » truction de l'affaire sur le terrain et dans le ca- » binet, seront fixés d'après le nombre des vacations ; » chaque vacation représente une durée de travail de » trois heures consécutives ; il y aura au plus quatre » vacations par jour. »

« 58. Chaque vacation pour opération sur le ter- » rain, ou pour travail fait dans le cabinet, sera éva- » luée uniformément et comme il suit :

Savoir : Pour l'ingénieur en chef.... 6 fr.
Pour l'ingénieur ordinaire.. 4
Pour le conducteur........ 2

« 59. Il ne sera rien alloué en sus pour visites ou » examen des lieux, séjours dans les auberges, expé- » ditions ou mise au net des procès-verbaux et rap- » ports, visa et envoi de pièces, dessins ou copie du » plan et du nivellement, et autres faux frais quel- » conques ; attendu que tous les faux frais, sans ex- » ception, sont nécessairement compris dans les » tarifs ci-dessous. »

« 60. L'ingénieur en chef rédigera en double expédi- » tion l'état général des honoraires et frais de dépla- » cement ; les vacations pour opérations faites sur le » terrain seront distinguées de celles qui auront été » relatives au travail du cabinet. Il y joindra, comme » pièces à l'appui, les états d'honoraires, frais de dé- » placement fournis par l'ingénieur ordinaire et le » conducteur. Il soumettra ses propositions à l'ap- » probation du préfet. »

« 61. Le préfet fixera le montant des sommes sé- » parément dues à chacun ; les parties qui se croi- » ront lésées par cette fixation pourront réclamer » devant le conseil de préfecture.

» Dans tous les cas, et après la fixation, le préfet » adressera une des expéditions à M. le directeur- » général des ponts et chaussées, pour être jointe au » dossier. »

« 62. Le présent tarif des honoraires et frais de » déplacement n'est applicable aux ingénieurs et » conducteurs qu'autant QU'ILS PROCÉDERONT DANS LA » HIÉRARCHIE DE LEURS GRADES RESPECTIFS, ET COMME » FONCTIONNAIRES DÉJA SALARIÉS et non comme ex- » perts. »

« 63. Dans tous les cas où ils seraient appelés en » qualité d'experts contradictoires, ils auront droit à » la taxe portée au tarif des frais et dépends de la » cour royale dans le ressort de laquelle ils opè- » rent. »

33. Remarquons l'avant-dernier article de ce projet qui déclare que ce tarif *n'est applicable aux ingénieurs et conducteurs qu'autant qu'ils procéderont dans la hiérarchie de leurs grades respectifs*, ET COMME FONCTIONNAIRES DÉJA SALARIÉS !

C'est l'aveu plein et entier de ce que nous nous sommes efforcés de démontrer précédemment, à savoir que les ingénieurs sont déjà rétribués pour les travaux à propos desquels ils réclament des honoraires [1].

N'est-ce pas là un déraisonnable cumul ?

N'est-ce pas là surtout, dans ce document qui n'a pas même l'autorité d'une circulaire ministérielle, une résistance à l'instruction du 12 juillet 1817, que nous reproduisons à la fin de cette dissertation, et qui déclare positivement que les ingénieurs *n'ont aucune prétention à élever*

[1] Le préfet de l'Eure, par la circulaire citée dans une note précédente, avait donc tort de dire que les constructions de moulins et usines, les vérifications de rivières *sont des opérations étrangères au service des ingénieurs*.

pour les travaux compris dans leurs attributions, l'article 75, qui lui accorde certains honoraires, n'ayant prévu que les travaux ÉTRANGERS *au service des ponts et chaussées ?*

34. Les documents précédemment cités fussent-ils une loi de l'Etat dérogeant aux termes du décret, n'autoriseraient pas encore les exigences que la pratique révèle. En effet, ni M. Nadault de Buffon, ni les auteurs du projet anonyme que nous venons de transcrire, n'étendent le droit des agents des ponts et chaussées à une rétribution au-delà des opérations provoquées par les demandes en autorisation.

Or, tous les jours, l'administration fait payer des honoraires d'ingénieur à des propriétaires qui n'avaient formé aucune demande, ni provoqué aucune instruction par leur fait ou par leur faute.

Par exemple les ingénieurs prélèvent des honoraires :

1° A l'occasion des règlements et visites d'usines entrepris d'office, sans demande, plainte ou provocation des particuliers [1].

2° Pour tous les projets et études concernant les syndicats, les associations de propriétaires, et l'amélioration du cours des rivières.

3° Pour la surveillance des travaux de curage des cours d'eau, *même du domaine public.*

4° Pour l'instruction des affaires administratives, relatives aux eaux, soit devant la juridiction contentieuse, soit devant la juridiction gracieuse.

35. A quel chiffre s'élèvent d'ordinaire les honoraires ainsi prélevés ? Voici quelques données à ce sujet :

Les rôles d'honoraires à recouvrer pour la surveillance du curage opéré sur la ri-

[1] On sait qu'en beaucoup d'endroits l'administration fait réglementer sur des bases nouvelles les usines anciennes réputées autorisées, et réviser les anciennes autorisations. Depuis dix années, le Bulletin des Lois enregistre par centaines les ordonnances nouvelles occasionnées par ce travail général.

vière d'Iton, département de l'Eure, en 1843, se sont élevés à une somme de 3,700 fr. qui a été répartie sur les riverains, quoique cette rivière fut flottable à trains. En outre, les honoraires pour la vérification d'une dérivation de la même rivière, sur une étendue de quelques centaines de pas, ont coûté 22 fr., et ce chiffre eût été plus élevé s'il y avait eu lieu à vacations de voyage.

Pour les opérations concernant le règlement du ruisseau dit de Cartenay, commune de N.-D.-de-l'Isle, arrondissement des Andelys, les agents des ponts et chaussées se sont fait payer une somme considérable, eu égard à la minime importance de ce ruisseau, puisque la part contributive d'un seul riverain s'est élevée à 201 fr. 40 c., qui n'ont été payés qu'après une vive résistance.

Une usine autorisée a été pendant plusieurs années consécutives l'objet d'une taxe s'élevant en moyenne au dixième du revenu net, seulement pour honoraires de visites entreprises d'office.

Les frais d'ingénieur pour la pose d'un repère de moulin ont coûté, suivant divers mandats que nous avons sous les yeux, environ 80 fr., non compris les frais purement matériels, tels que prix de matériaux et salaires d'ouvriers.

Voici deux exemples qui intéressent plus particulièrement l'agriculture :

Les honoraires pour vérification d'un barrage d'irrigation sur un ruisseau ont été taxés à 92 fr.

Une demande en autorisation d'une prise d'eau pour les irrigations, avec une ouverture de 33 centimètres carrés, ayant motivé une visite d'ingénieur, les honoraires réclamés et payés se sont élevés à 72 fr. Or il eût fallu supporter ces frais dans le cas même où l'autorisation n'aurait pas été accordée.

Ajoutons que ces chiffres cités pour exemples ont été pris dans des hypothèses où les lieux à visiter étaient à peu de distance de la résidence de l'ingénieur : ils eussent été doublés par les vacations de voyage, s'ils s'étaient trouvés à la limite de son arrondissement. Aussi il serait facile de citer de nombreux mémoires s'élevant de 300 à 500 fr.

36. Une récente circulaire de M. le ministre des travaux publics, en date du 17 novembre 1848, vient ajouter un nouvel intérêt à cette question de chiffres, parce qu'elle aura pour inévitable résultat celui d'élever encore les frais si considérables des visites d'ingénieurs. On y lit en effet : « Désormais dans chaque » département, un ingénieur spécial cen- » tralisera toutes les études relatives au » régime des cours d'eau, la réglemen- » tation des usines hydrauliques, la ré- » daction des projets de desséchement, » d'irrigation, de colmatage, de réser- » voirs et de tous autres ouvrages desti- » nés à utiliser les eaux pluviales et à » créer des ressources pour les époques » de sécheresses, l'organisation et la sur- » veillance des associations formées en » vue de l'exécution des travaux publics » intéressant l'agriculture ; enfin l'exa-

» men et la proposition de toutes les mesures propres à assurer le bon emploi » des eaux et leur équitable répartition » entre l'agriculture et l'industrie. »

37. Nous ne discuterons pas cette circulaire au point de vue des résultats qu'elle peut avoir quant à l'indépendance de la propriété, quant aux droits acquis, quant à l'avenir de l'agriculture elle-même : nous l'envisagerons seulement au point de vue des vacations de voyage. Dans l'état actuel des choses, lorsque chaque département est divisé en trois ou quatre arrondissements d'ingénieurs, les vacations de voyage pèsent déjà lourdement sur les riverains de cours d'eau placés à la limite de l'arrondissement. Que sera-ce donc lorsqu'une seule circonscription trois à quatre fois plus étendue devra être parcourue par l'unique ingénieur des eaux? Il est évident que les distances seront doublées d'une part, et que d'autre part le nombre des localités éloignées de la résidence de l'ingénieur

sera considérablement augmenté. L'inconvénient sera surtout énorme dans certains départements, où l'ingénieur des eaux, placé au chef-lieu, se trouvera, non pas au centre, mais à l'extrême limite du département, à Alençon, à Saint-Brieuc, à Perpignan, à Nevers, par exemple. Supposez en effet une visite d'ingénieur motivée par une demande de prise d'eau ou par une pose de repère dans une localité située à dix myriamètres de la résidence de l'agent, le tarif ordinaire, accordant 6 fr. par myriamètre, vous aurez à payer seulement pour le voyage, aller et retour, en dehors de toute vacation de terrain ou de cabinet, une somme de 120 fr. Or, nous supposons un ingénieur ordinaire, car cette somme serait doublée, si l'ingénieur des eaux est revêtu du titre d'ingénieur en chef.

Peut-on, lorsqu'on autorise des faux frais si considérables, dire encore que l'agriculture est protégée, qu'on provoque les irrigations? Persuadés des excellentes intentions de M. le ministre, nous pouvons donc proclamer que, lorsqu'il a publié sa circulaire, il n'avait pas considéré ce côté si grave de la question.

CHAPITRE TROISIÈME.

FORMES DE RECOUVREMENT ET CONTESTATIONS DONT LES MÉMOIRES D'INGÉNIEURS PEUVENT ÊTRE L'OBJET.

§ 1.

Formes de recouvrement.

38. En règle générale, c'est le receveur d'enregistrement du lieu où sont situés les usines ou les héritages visités par l'ingénieur, qui doit être chargé du recouvrement des honoraires mandatés par le préfet.

Deux instructions du ministre des finances du 7 novembre 1828 et 20 avril 1830 l'ont formellement déclaré [1].

Un arrêt de la cour de cassation dont

[1] Décisions du 15 octobre 1828, et du 29 mars 1830. (Instructions 1259 et 1310.)

nous nous occuperons bientôt, l'a également consacré.

39. Mais dans certains cas, le percepteur des contributions directes reçoit la mission de faire ces recouvrements, par exemple lorsque les honoraires à recouvrer sont l'accessoire de frais matériels de curage recouvrés par le percepteur.

40. La forme du recouvrement n'ayant que très-peu d'importance, nous nous bornerons à renvoyer aux documents et arrêts cités dans le cours de cette dissertation, et à donner en note deux exemples de formules ordinaires, l'une de recouvrement par le receveur d'enregistrement, l'autre par le percepteur. On verra dans ces formules comment les mémoires d'ingénieur sont dressés, et comment les préfets les rendent exécutoires [1].

[1] Formules de mémoires exécutoires :

PONTS ET CHAUSSÉES.

Etat des honoraires et faux frais dus à MM .... ingénieur

§ II.

Contestations à l'occasion des mémoires d'ingénieurs. — Recours. — Compétence.

41. Les honoraires d'ingénieurs sont donc, dans l'usage, fixés par les parties

à .... et .... conducteur des ponts et chaussées pour le travail auquel a donné lieu le vannage d'irrigation du sieur ...... établi sur la rivière de ....

Honoraires de l'ingénieur.

Transport de ..... à ....., 6 myriam. à 6 fr...	36	
Deux vacations de terrain à 4 fr................	8	
Trois id. de cabinet à 4 fr................	12	
	56...	56

Honoraires du conducteur.

Transport comme ci-dessus, 6 myriam. à 2 fr.....	12	
Une vacation de terrain à 2 fr..................	2	
Trois de cabinet à 2 fr.........................	6	
Trois jours d'ouvrier à 2 fr....................	6	
	26...	26
Sommes dues par le sieur		82

Le présent état d'honoraires montant à la somme de quatre-vingt-deux francs, dressé et certifié par l'ingénieur soussigné.

A .... le .... 184 .

Signé ....

prenantes elles-mêmes, et le mandat du préfet se réduit à un simple *visa*. Un me-

Honoraires dus à l'ingénieur en chef.

Examen de l'affaire, une vacation à 6 fr. l'une.....	6

Honoraires dus au piqueur.

Copie du rapport, etc., deux vacations à 2 fr. l'une.	4

RÉCAPITULATION.

Honoraires	de l'ingénieur d'arrondissement........	56
Id.	du conducteur.....................	26
Id.	de l'ingénieur en chef..............	6
Id.	du piqueur........................	4
	Somme totale à payer par le sieur.........	92

Le présent état d'honoraires montant à la somme de quatre-vingt-douze francs, dressé par l'ingénieur en chef du département de ......

A .... le .... 184 .

Signé ....

Vu et rendu exécutoire le présent état montant à la somme de quatre-vingt-douze francs, qui sera recouvrée sur le sieur .... propriétaire à .... par le receveur de l'enregistrement de sa résidence et sous la surveillance de M. le directeur de l'enregistrement et des domaines, chargé d'en faire opérer le payement à MM. ...... ingénieur, ... conducteur, en résidence à ....., ... ingénieur en chef, et ...... piqueur en résidence à ..... *ainsi qu'il est prescrit par les instructions et règlements sur la matière.*

A .... le .... 184 .

Le préfet de ....

Signé ....

Deuxième formule.

Extrait des rôles des frais de surveillance de la rivière de .....,

moire ainsi rendu exécutoire peut soulever des réclamations, et devenir l'objet de recours dans deux circonstances différentes : 1° Si l'on réclame seulement contre le chiffre du mémoire à payer; 2° si au contraire on refuse en principe la taxe toute entière en contestant sa légalité.

Ces deux espèces sont très-distinctes quant à la compétence.

établis dans la commune de ......, d'après le revenu foncier imposable en 184 , en vertu de l'arrêté de M. le préfet de...., en date du ......, contre les propriétaires qui ont effectué le curage de ladite rivière.

(Suit le mémoire.)

Nous, préfet du département de ....

Vu l'article ... de notre arrêté du ....., arrêtons à la somme de ..... le montant des frais à payer par le propriétaire dénommé ci-dessus aux agents qui ont été chargés de visiter et surveiller les travaux de curage de la rivière de .... dans les communes de ....

Mandons en conséquence au percepteur desdites communes de faire, dans le délai de cinq jours, le recouvrement de ladite somme sur le dénommé; en cas de refus, de le poursuivre par les mêmes voies et moyens que ceux usités en matière de contributions publiques.

A .... le .... 184 .

Le préfet,

Signé ....

1. *Réclamations sur le chiffre des honoraires.*

42. Si, en admettant la légitimité de la taxe et la légalité des usages suivis, on réclame seulement contre la fixation du chiffre du mémoire approuvé par le préfet ;

Si, par exemple, on refuse de payer à l'ingénieur ou à son piqueur, un salaire pour copie, expéditions et mise au net, salaire refusé par les documents que nous avons cités ;

Si on conteste la répartition, entre divers intéressés, des frais de visite d'ingénieur ;

Si l'on proteste contre le payement d'une vacation de trois heures de travail, taxée à 6 fr., pour l'ingénieur en chef, parce que le dossier n'aurait été en réalité que quelques minutes sous ses yeux ;

Si des propriétaires de prises d'eau et d'usines situées dans la même localité refusent de payer chacun un voyage séparé, parce que leurs prises d'eau et leurs usines auraient été visitées à la même date et dans une seule et même tournée ; s'ils soutiennent en conséquence que l'ingénieur n'ayant fait réellement qu'une seule fois le trajet, ne doit point compter sur chaque mémoire un voyage particulier et distinct, et faire payer ainsi plusieurs fois les mêmes vacations ;

Si, en un mot, on prétend la taxe exagérée, devant quel tribunal attaquera-t-on le mandat du préfet ?

Devant le conseil de préfecture.

43. Sur ce point nous continuerons à citer M. Nadault de Buffon.

« Les réclamations qui peuvent être » faites sur le montant des frais et hono» raires, tels qu'ils ont été réglés par le » préfet, doivent être portées devant le » conseil de préfecture, 1° parce que les » tribunaux ordinaires ne peuvent ni ne » doivent réformer un acte administratif » de cette nature ; 2° parce que les ingé-

» nieurs, ainsi que les préfets, n'inter-
» viennent dans ces sortes d'affaires que
» dans un intérêt général ; 3° parce que
» les frais de cette espèce sont, par le fait,
» une contribution spéciale nécessitée
» par le règlement d'eau, et mise par le
» préfet, dans des proportions détermi-
» nées à la charge d'un ou de plusieurs
» particuliers, s'il y a lieu. Cette contri-
» bution a donc une entière analogie
» avec la contribution spéciale appliquée,
» sous la même forme, dans les règle-
» ments concernant le curage, en vertu
» de la loi du 14 floréal an XI, loi qui,
» à juste raison, a placé les réclamations
» de cette nature dans les attributions de
» ces conseils, parce que, d'après leur
» organisation, ils sont chargés du con-
» tentieux en matière de contributions [1].

[1] On voit donc que M. Nadault de Buffon reconnaît comme nous : 1° que les ingénieurs......... n'interviennent dans ces affaires que dans un intérêt général ; 2° qu'ils interviennent de la même manière, au même titre que les préfets (qui cependant ne réclament pas d'honoraires) ; 3° que les frais de cette nature, *sont par le fait*, une CONTRIBUTION SPÉCIALE, qu'il regarde comme *fondée sur* UNE ANALOGIE !

» — Ces principes sont d'ailleurs con-
» formes à la jurisprudence du conseil
» d'Etat rapportée ci-dessous :

44. — « 5 Janvier 1809, arrêt cité par
» M. Daviel, Pratique des cours d'eau,
» page 133, établissant la compétence des
» conseils de préfecture, pour faire, en
» cas de réclamation, la répartition des
» sommes réglées par les préfets, entre les
» particuliers dont les établissements ont
» occasionné une visite d'ingénieur.

» 6 Mars 1816, arrêt cité par M. de
» Cormenin, Droit administratif, cin-
» quième édition, page 524, établissant
» la même compétence pour les réclama-
» tions relatives aux mandats délivrés par
» les préfets aux ingénieurs et conduc-
» teurs des ponts et chaussées.

» 10 Septembre 1817 (sieur Dupui-
» chant). Le préfet du département de
» l'Allier avait fixé à 312 fr. la somme
» due à l'un des ingénieurs de ce dépar-
» tement, pour frais et honoraires relatifs

» à diverses demandes présentées par le » sieur Dupuichant, pour l'*établissement* » *d'un barrage* sur le Cher, établissement » auquel ce particulier *avait ensuite re-* » *noncé*. Le sieur Dupuichant s'étant for- » mellement refusé à acquitter ladite » somme, la contestation fut portée de- » vant le conseil de préfecture, qui rejeta » la réclamation. Cet arrêt, déféré au » conseil d'Etat, y fut maintenu, quant » à la compétence et quant au fond, par » l'arrêt précité.

» 3 Décembre 1817 (sieur Dupuichant). » — Compétence du conseil de préfec- » ture consacrée pour la même matière.

» 17 Janvier 1831 (sieur Vaendendriès). » — Les frais et honoraires sont à la » charge du propriétaire de l'usine qui a » nécessité le règlement d'eau, ainsi que » les opérations qui s'y rattachent.

» 16 Mai 1827 (sieur Marcellier) et » 4 juillet 1838 (sieurs Leducq et Bury). » — En cas de contestation entre usi- » niers et riverains, les frais occasionnés

» par l'instance administrative sont à la
» charge de la partie qui succombe [1].

II. *Recours contre l'exécutoire du préfet, basés sur l'illégalité de la taxe.*

45. Quelle juridiction saisirait-on au contraire, si, ne se bornant pas à contester le chiffre des honoraires, on soutenait l'illégalité de la taxe en principe et au fond, à cause de l'absence des conditions que nous prétendons essentielles pour sa perception, à cause du cumul des honoraires avec le traitement payé par l'Etat ?

Selon nous, les tribunaux civils seraient compétents, et cela par deux raisons : 1° parce que de l'aveu de l'administration, il s'agit d'une contribution ; 2° parce que ce sont les tribunaux civils qui connaissent des affaires d'enregistrement.

[1] M. Nadault de Buffon, des Usines, tome II, pages 519 et 520.

Il est vrai que l'administration de l'enregistrement prétendant qu'il s'agit d'un acte administratif, conclut à une déclaration d'incompétence de la part des tribunaux civils, et que plusieurs fois ceux-ci, ayant été saisis, ont admis ce moyen.

Mais souvent aussi ils se sont déclarés compétents, et nous ne pensons pas qu'aucun préfet ait cherché à les dessaisir en élevant un conflit.

46. Un arrêt de cassation, rendu en forme de rejet le 23 mai 1838 [1], a même implicitement proclamé la compétence de l'ordre judiciaire en vidant plusieurs questions relatives à la légalité de la taxe.

Ainsi, par un de ses motifs, il a proclamé que les conducteurs des ponts et chaussées, créés par l'article 47 du décret du 7 fructidor an XII, sont les agents subordonnés des ingénieurs des ponts et

[1] Journal du Palais, tome II de 1838, page 189.

Sirey, 38, I. 617.

Journal de l'Enregistrement, tome LXXIX (1838), n° 1426, page 284 (article 12,057).

chaussées, et ont le même droit qu'eux au payement de leurs frais et honoraires[1].

Dans un autre motif, il a également déclaré que le recouvrement des mandats délivrés aux agents des ponts et chaussées doit être poursuivi à la requête de l'administration de l'enregistrement et non à celle de l'administration des contributions directes[2]; et aussi que les instances que des poursuites relatives à ces recouvrements peuvent faire naître doivent être

[1] Mais nous croyons qu'il n'en est pas de même des piqueurs et que c'est à tort que les préfets mandatent des honoraires pour ces agents non établis par le décret.

[2] Voici les termes mêmes de cette partie de l'arrêt :

« .... En ce qui touche la forme.— Attendu que la loi prescrit que le recouvrement du montant des mandats sera fait par voie de contrainte comme en matière d'administration, que cette loi n'a point à la vérité indiqué positivement que c'était comme en matière d'enregistrement, mais qu'elle n'en a point désigné d'autre, et que les décisions ministérielles, auxquelles était abandonnée la désignation de l'administration à laquelle serait confié le recouvrement des contraintes de la nature de celle dont il est question au procès, ont, par les instructions des 7 novembre 1828 et 20 avril 1830, désigné non le percepteur des contributions directes, mais le receveur de l'enregistrement, pour faire ces recouvrements. »

On voit que cette partie de l'arrêt explique ces mots douteux de l'article 75 du décret : *comme en matière d'administration.*

instruites comme en matière d'enregistrement, c'est-à-dire sur simples mémoires et sans le ministère d'avoué. (Loi du 27 ventôse an IX, article 17.)

C'est certes là proclamer la compétence des tribunaux civils.

47. Sur tous ces points la doctrine de la cour de cassation est aussi incontestable qu'explicite. Mais la dernière partie de l'arrêt n'a pas assurément la même force, et il est permis de contester la valeur scientifique et doctrinale de son dernier considérant.

On a vu plus haut les raisons qui nous ont fait soutenir, en théorie, que le mandat du préfet accordant des honoraires était illégal, si la partie devant supporter ces frais n'avait pas été déclarée dans un acte antérieur au mandat même du préfet.

La nécessité de cette *déclaration préalable* fut invoquée dans le pourvoi rejeté par la cour, mais si les arrêtistes nous ont transmis fidèlement la physionomie de l'affaire, ce moyen capital est resté étouffé au milieu d'arguments impuissants et justement repoussés.

Nier l'assimilation des conducteurs avec les ingénieurs, soutenir illégale l'entremise de l'administration des domaines, c'était évidemment compromettre la cause par des moyens mal fondés [1].

Le moyen tiré de l'absence d'une déclaration préalable ne paraît donc pas avoir été mis nettement en avant. La cour même ne semble pas l'avoir aperçu, car voici comment elle motive son arrêt sur ce point : « Attendu que le mandat du » préfet est déclaré par ledit art. 75 de » la loi du 7 fructidor an XII, exécutoire » contre les particuliers qui, intéressés » dans une affaire administrative.... au» ront été déclarés devoir supporter les » frais dus à l'ingénieur, et il sera pro» cédé au recouvrement par voie de con-

[1] Nous avons déjà remarqué que, si les conducteurs peuvent être assimilés aux ingénieurs, il n'en est pas de même des piqueurs non placés dans la hiérarchie des ponts et chaussées par le décret dont nous nous occupons.

» trainte, comme en matière administra-
» tive ; — Attendu que, dans l'espèce,
» le sieur Tavenaux a été déclaré par *l'ar-*
» *rêté* du préfet (seul compétent pour cet
» objet) devoir supporter les frais du con-
» ducteur réglés à 246 fr. »

48. Ainsi c'est par une simple parenthèse, incidemment, sans motifs développés, et en qualifiant d'*arrêté* ce qui n'était qu'un simple *mandat* du préfet, que la cour de cassation a repoussé ce moyen. On peut donc douter qu'elle en ait pesé la force.

Et même, si l'on en juge d'après les arrêtistes, la nécessité d'une *déclaration préalable*, antérieure au mandat du préfet, aurait à peine été invoquée par le sieur Tavenaux, car cet argument n'est indiqué ni par le recueil de Sirey, ni par le journal du Palais. Nous avons dit que l'arrêt lui-même pouvait à peine le faire pressentir.

C'est dans le journal de l'Enregistrement que nous avons trouvé des traces de cet argument du pourvoi. Nous y lisons qu'en première instance, le sieur Tavenaux qui refusait de payer 246 fr. à un simple conducteur, soutenait « qu'en » tout cas il eût été nécessaire que *préa-* » *lablement aux poursuites*, l'autorité » compétente eût déclaré que les hono- » raires dont il s'agit étaient à sa charge, » qu'en cassation il soutenait encore que les mandats administratifs n'étaient « exé- » cutoires que contre les parties qui au- » raient été préalablement condamnées » aux frais. »

Ces détails permettent donc de douter que la première question ait été bien envisagée dans le pourvoi lui-même, car le décret ne parle pas d'une déclaration *antérieure* AUX POURSUITES, mais bien d'une déclaration *antérieure* AU MANDAT *du préfet*.

49. Les arguments que nous avons fait valoir dans cette dissertation pour nier la légalité des frais d'ingénieurs si souvent imposés aux riverains, sont donc

entièrement nouveaux. Si les tentatives de résistance ont été isolées, le mal n'en est pas moins vivement senti. Souvent des manufacturiers, des propriétaires qui ne peuvent croire à la légitimité de taxes aussi imprévues, consultent des avocats et protestent avant de payer. Mais l'obscurité de la question et l'incertitude de sa solution empêchent les propriétaires de songer à la lutte, et quant à ceux à qui une plus grande fortune permettrait de se pourvoir, les sommes réclamées sont moins pesantes pour eux. Enfin, si à tout cela l'on ajoute les déclarations d'incompétence prononcées par quelques tribunaux saisis en première instance, on pourra juger des obstacles qui empêcheront longtemps encore la question d'être vidée d'une manière positive par la jurisdrudence.

Disons toutefois que les receveurs d'enregistrement ayant à recouvrer souvent de nombreux mémoires portant la même date et rendus exécutoires le même jour, il serait facile aux propriétaires qui voudraient résister, de s'associer et de soutenir devant les tribunaux une action collective qui aurait le triple avantage d'être moins coûteuse pour chacun d'eux, de mettre en évidence tout l'intérêt de la question, et d'éveiller aussi l'attention publique.

CHAPITRE QUATRIÈME.

NÉCESSITÉ D'UNE RÉFORME. — CONCLUSION.

50. L'importance agricole et industrielle de cette question est aussi évidente que sa nouveauté. C'était là un grave motif pour l'amener sur le terrain de la science, et pour la discuter au point de vue de l'intérêt de tous les propriétaires riverains ?

A ce titre elle nous a paru digne de l'attention des légistes, et voilà pourquoi nous l'avons si longuement développée.

Si nos arguments tendant à une meilleure interprétation de l'article 75 du décret étaient impuissants, si la loi était telle qu'on la comprend dans les bureaux, si la pratique actuelle devait triompher, nous porterions nos attaques plus haut que la pratique et nous combattrions le décret lui-même.

En effet, quelle que soit la base sur laquelle repose cette taxe, l'industrie et l'agriculture ne peuvent continuer, dans notre temps de progrès, à être ainsi grevées.

En vain ferait-on des lois pour encourager les irrigations et multiplier les prairies ; si pour obtenir le moindre barrage, la moindre prise d'eau, il faut payer l'ingénieur, les agriculteurs reculeront.

Si pour augmenter de 25 ou 30 fr. le revenu d'une pièce de terre, il faut s'exposer au payement d'une somme dont on ne peut prévoir le montant à l'avance, tous les petits propriétaires s'abstiendront.

D'ailleurs quel est l'intérêt de l'Etat ? Il est nul, car cette contribution n'entre point dans les caisses publiques.

Mais dans certaines régions, elle double au moins les traitements déjà élevés des agents des ponts et chaussées.

Elle est pour eux une prime qui les porte à provoquer une foule de mesures, impolitiques parce qu'elles blessent les propriétaires, et qu'on abrite à tort sous le manteau de l'intérêt public.

Elle explique pourquoi depuis dix ans on a réglementé d'office un grand nombre de moulins dont le régime n'avait jamais excité une seule plainte.

On n'a pas calculé ce que les visites faites par les ingénieurs ont coûté aux riverains des cours d'eau dans certains départements.

Et cependant on fait de nouveaux projets, on commence à réglementer les moindres cours d'eau, les simples ruisseaux. La mine n'est point épuisée !

Dans l'ancien régime, l'aversion qu'inspiraient les tracasseries fiscales et les abus du pouvoir avait fait naître ce proverbe : *Fuyez le voisinage des grandes rivières et des grands seigneurs.* Aujourd'hui les environs des petits cours d'eau ne sont pas moins exposés, et il faut reconnaître comme un fait désormais certain que les propriétés les plus précieuses par leur production et leur agrément, que les parties du sol qu'embellissent et que fertilisent à la fois les eaux courantes sont aussi celles qui sont sujettes au plus grand nombre d'embarras, de charges et de difficultés.

Nous avons été obligés de rejeter ici, à cause de sa longueur, une circulaire ministérielle, invoquée d'ailleurs dans notre discussion.

En lisant cette instruction, on verra que le ministre y déclare formellement que les ingénieurs n'ont rien à réclamer pour les travaux compris dans leurs obligations, et que l'article 75 du décret de l'an XII n'a eu pour objet que les travaux étrangers au service des ponts et chaussées.

Indemnités à accorder aux ingénieurs des ponts et chaussées pour les travaux des routes départementales.

Paris, le 12 juillet 1817.

Le Ministre de l'Intérieur (M. LAINÉ) *aux Préfets.*

En exécution de la loi du 28 avril 1816, que celle du 25 mars dernier a confirmée, les dépenses relatives aux routes départementales ont été retirées du budget des ponts et chaussées. La circulaire de mon prédécesseur du 30 avril 1816, relative à la formation du budget des dépenses variables départementales, vous a indiqué les changements que cette disposition devait apporter dans la comptabilité. Quoique cette circulaire énonce positivement que les travaux des routes continueraient d'être dirigés et surveillés par l'ingénieur en chef du département, quelques préfets ont demandé s'il ne résultait pas de la loi du 28 avril 1816, que le corps des ponts et chaussées n'avait plus à s'occuper des routes départementales ; et si, à raison du travail qu'ils auraient fait pour ces routes, les ingénieurs n'avaient pas droit à une indemnité, conformément à l'art. 75 du décret du 7 fructidor an XII (25 août 1804), relatif à l'organisation du corps des ponts et chaussées.

La première question se trouve résolue par le décret cité et par celui du 16 décembre 1814, portant classification de toutes les routes de France. Il résulte de ces deux décrets que les ingénieurs sont chargés du service de toutes les routes, tant royales que départementales. A la vérité le décret du 7 fructidor an XII ne parle pas de cette distinction, établie postérieurement, mais l'article 24 du décret du 16 décembre 1811 ne laisse aucun doute à cet égard.

La seconde question se trouve résolue par la première ; *car si les obligations des ingénieurs comprennent positivement les routes départementales, ils n'ont aucune prétention à élever par suite du service de ces routes.*

Cependant plusieurs préfets, soit en émettant leur

opinion personnelle, soit en s'appuyant de celle des conseils-généraux, m'ont proposé d'accorder une indemnité aux ingénieurs des ponts et chaussées, motivée sur les dépenses que leur occasionnent les tournées qu'ils font sur les routes, et les divers frais de bureau, et sur ce que les traitements et les sommes qui sont accordés par l'Etat aux ingénieurs, pour leurs frais de bureau et de voyage, leur paraissaient généralement insuffisants. Ce vœu favorable m'a paru susceptible d'être accueilli, et j'ai considéré en outre, que le supplément qu'ils recevraient sur les fonds départementaux serait pour eux un motif de plus d'apporter tout le soin possible à cette partie de leur service. J'ai déjà répondu dans ce sens à plusieurs préfets, en me réservant de prononcer sur la manière de régler ce supplément. Plusieurs modes m'ont été proposés pour y parvenir. J'ai dû rejeter, d'abord, celui qui se fondait sur l'article 75 du décret du 7 fructidor an XII : car cet article ayant pour objet les *travaux étrangers* aux ponts et chaussées, il est évident qu'il ne peut s'appliquer aux routes départementales. Une fixation arbitraire m'a paru susceptible d'entraîner de graves inconvénients, dont les principaux sont les nombreuses disparates qui seraient résultées de département à département, et les réclamations qui en auraient été la suite. J'ai cru convenable d'indiquer un calcul proportionnel, d'après le montant des dépenses faites pour les travaux des routes départementales [1].

(1) M. Taillefer, représentant du peuple, dans un projet pré-

Ce calcul s'établira à raison de 4 p. 100 jusqu'à 40,000 fr., et de 1 p. 100 sur tout ce qui excédera cette somme. Par exemple pour une dépense de 80,000 fr. on fera le calcul suivant :

4 p. 100 sur les premiers 40,000 fr.....	1,600 fr.
1 p. 100 sur les 40,000 fr. en sus......	400
TOTAL..........	2,000

Après que cette somme aura été ainsi déterminée, d'après les fonds employés, dans l'année, aux réparations des routes et les dépenses de toute nature qui y auront été faites, elle sera distribuée par vous entre l'ingénieur en chef, les ingénieurs ordinaires, et même les conducteurs, si vous jugez qu'ils y aient des droits, dans la proportion que vous croirez la plus juste, et de manière à avoir égard aux diverses circonstances qui devront vous diriger dans cette distribution....

Suit l'indication de ces circonstances et de celles où il y aurait lieu de réduire, de supprimer même, ou d'augmenter extraordinairement ces indemnités. Nous passons sous silence cette partie de la circu-

senté au comité des finances, tendant au déclassement des routes départementales, évalue à un million par année le montant des remises proportionnelles qui sont faites aux ingénieurs de l'Etat, chargés des travaux de construction et d'entretien des routes départementales.

laire tout à fait étrangère à notre sujet, et nous arrivons à cette disposition finale, qui est la justification complète de notre doctrine :

Je crois inutile d'ajouter ici que, pour les travaux prévus par l'article 75 du décret du 7 fructidor an XII, c'est-à-dire ceux qui sont étrangers au service des ponts et chaussées, on continuera de suivre le mode établi par cet article.

(Circulaires du Ministère de l'Intérieur, 2e édition, tome III, page 233 et suiv.
RAVINET, Code des Ponts et Chaussées, tome II, page 53.)

APPENDICE.

SUR QUELQUES AUTRES DÉPENSES IMPOSÉES AUX PROPRIÉTAIRES DE BARRAGES ET D'USINES.

Les honoraires d'ingénieur ne sont pas les seuls frais qui pèsent sur les riverains des cours d'eau, et les dépenses variées, qui leur sont souvent imposées, nous fourniront ici le sujet de quelques réflexions.

On sait déjà que l'étude si intéressante des frais en matière administrative n'a pas encore fixé l'attention des auteurs. N'ayant pas la prétention d'en traiter d'une manière complète, nous nous bornerons ici à donner des exemples des charges qui grèvent les administrés.

Ces charges varient suivant les départements. Inconnues dans quelques préfectures, elles sont très-multipliées dans d'autres. Aucunes d'ailleurs ne sont basées sur des textes de lois, ni même sur des ordonnances générales. Cependant les particuliers ne peuvent échapper à l'acquittement de ces dépenses, dont le recouvrement est forcé, et qu'on impose même comme condition *sine quâ non* des autorisations, au moyen d'une clause que les administrations de département font insérer dans les autorisations ou concessions à intervenir.

I.

Dans le département de l'Eure, par exemple, il est d'usage de mettre dans tous les projets d'ordonnances autorisant ou réglementant des usines, cette clause, que les repères à établir le seront « *suivant le modèle adopté dans le département.* »

Or, voici la conséquence pratique de ces mots qui semblent sans portée au premier abord. Ce modèle, *adopté dans le département*, est assez coûteux pour exciter les plaintes de ceux qui doivent l'établir à leurs frais. Il consiste en effet en un poteau d'une dimension uniforme, orné d'un chapiteau saillant enjolivé d'étiquettes et d'échelles graduées, de l'utilité la plus contestable pour le public. La peinture rigoureusement uniforme de ces appareils, les proportions absolues de leurs diverses parties, les rendent assez compliqués pour que tout ouvrier ne puisse pas les exécuter, et qu'en résultat, les propriétaires soient obligés de se soumettre au tarif créé en faveur des fournisseurs officiels.

Dans le Calvados, cette charge est inconnue. Les repères sont de la plus grande simplicité, et personne ne s'en plaint. Une pierre saillante encastrée solidement dans un mur, dans la pile d'un vannage, indique la hauteur que les eaux ne doivent pas dépasser. Quoique ces repères ne soient indiqués ni par une couleur convenue, ni par aucune inscription, chacun sait parfaitement les reconnaître. Il résulte de cette différence d'usages entre deux départements limitrophes, que les propriétaires d'usines dans la ville manufacturière de Lisieux n'ont pas été soumis à une dépense de luxe qui est imposée périodiquement à leurs confrères et voisins les manufacturiers de Bernay.

Comment une pareille mesure, si onéreuse pour les particuliers, a-t-elle été mise en vigueur? C'est ce qu'on ne sait pas généralement. Un arrêté du préfet de l'Eure, rendu d'abord pour la rivière d'Iton, paraît avoir servi de règle pour tous les autres cours d'eau du département. Quant à la forme, aux conditions que doivent présenter ces poteaux de repère, ce n'est pas même l'autorité préfectorale, mais seulement un ingénieur qui paraît les avoir prescrits et déterminés. Nous disons *paraît*, car aucunes des pièces relatives à cette mesure n'ont été livrées à la publicité dans le recueil officiel des *Actes administratifs* du département.

Deux feuilles volantes, contenant l'une la figure et la description du repère prescrit, l'autre l'arrêté du préfet qui ordonne de placer des repères neufs sur toute la rivière d'Iton, en se conformant *exacte-*

ment aux indications et avertissements donnés par l'ingénieur, ont seulement été adressés individuellement à ceux auxquels on enjoignait d'établir un de ces poteaux. Voici le texte entier de ces deux pièces :

Le poteau doit être en chêne de première qualité et à vive arète. Les trois plaques doivent être en fer-blanc, peintes en gris et les écritures et divisions en noir [1].

La plaque portant l'inscription Repère doit avoir 20 centimètres sur 12 centimètres. Les étriers en fer doivent avoir 3 centimètres sur 1 centimètre au moins d'épaisseur ; ils doivent entrer dans le mur de 25 centimètres et être encastrés dans le poteau. Les échelles doivent avoir 30 centimètres sur 5 centimètres. Le poteau doit être peint en vert de gris et armé d'un sabot en fer. Sa tête doit être recouverte d'une plaque en zinc.

Sa longueur doit être telle que l'on puisse l'enfoncer et le fixer solidement dans le lit de la rivière ou sur le radier du bief de l'usine.

L'ingénieur en chef chargé du service de l'Iton,

A. MÉRY.

[1] Maintenant on les établit en fonte de fer, avec les caractères et les divisions en relief.

Nous, maître des requêtes, préfet du département de l'Eure,

Vu un rapport en date du 22 mars 1843, par lequel M. l'ingénieur en chef du service de l'Iton signale la nécessité de reconnaître et fixer les retenues opérées aux moulins, usines et barrages quelconques, établis sur la rivière d'Iton ;

Vu l'arrêté réglementaire du 16 prairial an X, prescrivant, article 2, l'établissement de poteaux de repères, aux frais des propriétaires de moulins et usines, sur tous les cours d'eau du départemant ;

Considérant que cette mesure, exécutée déjà en 1806 et plus tard vers 1819 et 1820, a besoin d'être renouvelée sur le cours de l'Iton, soit parce que les poteaux de repère posés alors auraient disparu, ou seraient en très-mauvais état, soit parce qu'il y aurait lieu, pour beaucoup d'usines nouvelles, de vérifier les points d'eau fixés par les ordonnances de concession ;

Considérant que le rapport précité renferme à cet égard des propositions dont l'ensemble paraît devoir assurer d'une manière complète l'exécution du travail à opérer,

ARRÊTONS :

ART. 1er. Des poteaux neufs de repère en bois de chêne, conformes au modèle adopté dans le département, seront placés près des barrages d'usines ou autres situés sur le cours de la rivière d'Iton et de ses affluents et dérivés, en remplacement des anciens poteaux de repère reconnus en mauvais état, et aussi sur tous les points où on aurait omis d'en poser.

Art. 2. Les propriétaires des barrages devront se conformer exactement aux indications et avertissements qui leur seront donnés par l'ingénieur chargé en chef du service de l'Iton, pour le placement des nouveaux poteaux de repère.

Tous ces nouveaux poteaux marqueront, par le point zéro de leur échelle, les hauteurs d'eau fixées par les anciens procès-verbaux de repère, et par les ordonnances et arrêtés se rapportant à chaque barrage de retenue. A défaut de fixation spéciale du point d'eau, ils seront établis conformément à l'article 1er de l'arrêté réglementaire du 16 prairial an X.

Art. 3. Les poteaux de repère seront fournis et posés d'office aux frais des propriétaires qui ne se seront pas mis en mesure de remplir cette obligation, dans le délai d'un mois, à dater de la notification qui leur en sera faite par M. l'ingénieur du service de l'Iton.

Un ou plusieurs entrepreneurs seront désignés à cet effet pour la fourniture et le placement desdits poteaux, qui auront lieu d'après un prix convenu d'avance et arrêté par l'ingénieur.

Le prix fixé sera remboursé sur-le-champ à l'entrepreneur, par le propriétaire retardataire, sous peine d'être contraint au payement comme en matière de contributions publiques.

Art. 4. La reconnaissance et la vérification du repère et du point d'eau légal de chaque barrage seront faites par l'ingénieur en chef du service de l'Iton, ou par le conducteur qu'il désignera.

Lorsqu'il y aura lieu de procéder au replacement de l'ancien poteau de repère ou à la pose d'un poteau neuf, il sera dressé procès-verbal en triple expédition de cette opération. Une des expéditions du procès-verbal sera déposée aux archives de la préfecture, la seconde sera remise au greffe de la mairie du lieu, et la troisième restera entre les mains de M. l'ingénieur en chef de l'Iton.

Les honoraires et les frais de déplacement, relatifs à ces différentes opérations de pose de repère, seront à la charge des propriétaires intéressés.

ART. 5. Expédition du présent arrêté sera adressée à M. l'ingénieur en chef de l'Iton, chargé de le faire notifier aux intéressés, et d'en assurer l'exécution.

A Evreux, le 22 février 1844.

Le maître des requêtes, préfet de l'Eure,

Signé ZÉDÉ.

Il est aisé d'apercevoir quelles ont été les conséquences de cet arrêté. Toutes les usines ont été visitées par les agents des ponts et chaussées, consacrant à chacune quelques vacations et concluant partout à la pose d'un nouveau repère. La confection de ces repères nouveaux, exigeant à la fois le concours d'un charpentier, d'un serrurier, d'un peintre et d'un ouvrier en zinc, a paru très-compliquée à la plupart des propriétaires. Les entrepreneurs auxquels le monopole de la *fourniture* et du *placement* desdits poteaux était ainsi assuré, en vertu de l'article 3 précité, ont donc établi partout les poteaux au prix arrêté, non pas par le propriétaire payant, mais par l'agent des ponts et chaussées. Or, les états de fourniture de ces repères, certifiés par les ingénieurs, sont en moyenne d'une cinquantaine de francs. Enfin les fournisseurs ont encore reçu une autre faveur : ils peuvent se faire payer leur note sur le champ, sous peine de contrainte comme en matière de contributions. (*Même article* 3).

Ajoutons qu'outre le prix de ce repère, les propriétaires ont eu à payer les honoraires, vacations et frais de voyage aux agents des ponts et chaussées, pour la visite de l'ancien repère, puis, son renouvellement étant ordonné, pour la vérification du point d'eau légal du barrage, pour le replacement du repère neuf, enfin pour la rédaction du procès-verbal et pour sa triple expédition : honoraires et frais toujours payables comme les contributions publiques. (Article 4.)

Quelques chiffres mettront à même d'apprécier toute l'importance de la question pour le public.

En supposant sur les 100 cours d'eau environ, grands ou petits, qui arrosent le département de l'Eure, un chiffre de 1,000 barrages servant à des usines ou à l'irrigation (et c'est rester beaucoup au-dessous de la réalité, puisqu'en 1845 il y avait déjà près de 800 usines réglementées), en supposant dis-je, 1,000 barrages dans le département, on aperçoit toute la gravité de la mesure. Evaluant en effet le coût de chaque poteau à 50 fr. prix au-dessous de ce que ces repères coûtent en général, on a déjà pour la fourniture et la pose de ces appareils une somme de cinquante mille francs, payée par les propriétaires industriels ou agriculteurs.

A quoi il faut ajouter pour chaque barrage une ou deux visites d'agents des ponts et chaussées ; le coût de chacune pouvant être évalué en moyenne à 80 fr. Pour 1,000 établissements, c'est encore au moins 80,000 fr.

Que ces chiffres calculés approximativement (mais cependant d'après des renseignements officiels), soient trop élevés ou trop faibles, il n'en est pas moins visible que l'établissement de ce modèle de repère uniforme, dont l'utilité n'est rien moins que démontrée, a coûté ou doit coûter aux administrés dans le département de l'Eure une somme totale de cent à cent cinquante mille francs, prélevés sur eux dans l'espace de cinq ou six années seulement.

Voilà pour l'intérêt privé. Notons qu'en outre le budget du département s'est trouvé grevé à son tour, la création de conducteurs auxiliaires étant devenue nécessaire pour la prompte exécution de cette mesure.

Cette taxe est donc très-grave, même en supposant que le préfet ait pu l'établir dans la limite de ses pouvoirs. Qu'en dire au contraire, si les lois ne lui donnaient pas le droit de faire peser cette charge sur ses administrés ?

II.

Passons à une autre charge dont les résultats sont non moins stériles, et dont l'existence dans certains départements a été révélée par M. Nadault de Buffon.

On lit en effet dans l'ouvrage réputé où cet auteur a traité des usines (p. 515), que dans beaucoup de départements on commence à exiger l'impression de toute ordonnance d'autorisation et du règlement particulier à l'usine autorisée, *dans le but d'en faire mettre un nombre déterminé d'exemplaires à la disposition de l'administration et d'en déposer dans les bureaux de la préfecture, de la sous-préfecture et de la mairie, dans ceux des ingénieurs* et des autres administrations.

Or, ici encore, la bourse des administrés souffre de cette exigence qu'aucun texte de loi n'autorise et que rien ne peut justifier, pas même le prétexte de l'intérêt public.

ADDITION.

A la page 10 de ce volume, nous avons donné en note un aperçu de l'historique du flottage à trains, inventé par Jean Rouvet et quelques autres en 1549. — A la page 144, nous avons rappelé que le flottage à bûches perdues avait été organisé en amont de Paris par l'ordonnance de 1672. — Cependant il paraît que le flottage à bûches perdues était en usage en certains endroits avant l'invention de Jean Rouvet, et nous trouvons que, dès 1550, on flottait des bûches sur la rivière d'Orne. — Jean Rouvet, Nicolas Gobelin, Tournouer, etc., n'ont donc probablement imaginé que l'art de construire et de faire flotter des trains. Comme les auteurs qui ont traité du droit des eaux, même au point de vue historique, ont à peu près gardé le silence sur l'origine du flottage, les documents suivants présenteront peut-être quelque intérêt.

Voici donc ce que nous lisons dans un ouvrage qui parut en 1588, *les Recherches et Antiquités de la ville de Caen*, par Charles de Bourgueville, sieur de Bras :

« Les autres chaussées d'amont la riuière
» (d'Orne) furent ouuertes en vertu d'vn
» Patent du Roy, qui me fut adressé en
» l'an 1550, estant Lieutenant de monsieur
» le Bailly, par aucuns marchands de bois
» de ceste dicte ville (de Caen) : lesquels
» firent flotter la busche des bois du sieur
» de Cullé et autres, ce qui causa vn
» grand profit en ceste ville [1]. »

Sur la rivière d'Andelle, dans le département de l'Eure, le flottage à bûches perdues remonte plus haut, puisqu'il en est question dans une pièce de 1497, dont nous devons la connaissance à l'obligeance de M. Bonnin.

Voici les termes de ce document inédit :

Je Jehan le sire demourant a Periers congnois et

[1] De Bras, page 149, édition de 1833.

confesse avoir fait traisté et appoinctement a l'abbesse et couvent de l'esglise et monastere de Fontaines Guerard pour le flotage de la buche que jay fait floter et feray en deux ans commenchant au terme de Toussains finissant a semblable terme iceulx deux ans revolus et accomplis pour lequel flotage par leur rivière dAndelle je me submects et oblige rendre et paier a lad. abbesse et couvent ou au porteur de ceste cedulle la somme de sept livres tournois pour iceulx deux ans et par ce nous demourons quicte lun vers lautre de certain arrest ou empeschement fait sur mon bois par lad. abbesse et couvent ou leur procureur flotant en leurd. rivière dAndelle parceque je suis subject de wider la court si wider la fault. Laquelle somme de sept livres tournois je promes rendre et paier comme dit est a quatre termes qui sont pour chacun en deux termes, c'est assavoir Pasques et saint Michel pour ceste premiere annee qui seroit pour chacun d'iceulx quatre termes trente cinq solz tournois premier terme de paier commenchant au terme de Pasques prochain venant en continuant d'an en an et de terme en terme jusques a la fin diceulx deux ans. Et sil advenoit que je fisse floter lad. buche durant le temps de *Truhain* (sic) ou feisse autre dommage a raison dud. flotage a lad. abbesse et couvent tant a leurs moullins, gros pont, prés, caucheés que autrement en ce cas je leur promectz rendre et restituer tous les pertes et dommages quilz pourront avoir par mond. flotage et nest aucunement comprins en ce present appoinctement le droit des moullins ou monnyer tant a ble que autres de ce quilz me pourront demander a raison du chommage ou autrement. Tesmoing mon signe manuel cy mis le penultieme jour de mars mil iiij^{c} iiij^{xx} et dix sept avant Pasques. Ainsi signé : Je le sire ung paraffe.

(Extrait d'une sentence aux pleds de Pont-Saint-Pierre du 29 novembre 1498. — Archives de l'Eure.)

Mais ces exemples n'ont rapport qu'au flottage à bûches perdues, et, comme nous l'avons dit dans notre travail, l'époque de la grande faveur du flottage et de l'établissement des trains est le XVIIe siècle.

Sur les rivières de Conches et d'Iton, dans le département de l'Eure, le flottage est bien postérieur même à l'ordonnance de 1672, puisque le flottage à bûches perdues n'a été autorisé sur ces rivières que par arrêt du conseil du 22 avril 1732, et celui à trains seulement par un autre arrêt du 20 mai 1749, c'est-à-dire il y a aujourd'hui cent ans.

FIN.

TABLE ANALYTIQUE

DES MATIÈRES.

Epoques successives du droit des rivières.

Anciennes juridictions en matière de cours d'eau.

DE LA LÉGISLATION DES COURS D'EAU DANS LE DROIT FRANÇAIS MODERNE.

Diverses espèces de cours d'eau.

Des cours d'eau navigables ou flottables.

Des cours d'eau non navigables ni flottables.

§ I. Préliminaires. — Question de propriété des cours d'eau de second ordre en France.

§ II. Question de propriété à l'étranger. — Examen des législations étrangères.

§ III. Questions diverses. — Police. — Règlements. — Curage.

Des nouvelles servitudes d'aqueduc et d'appui, ou des lois d'Angeville et Lafarelle.

DE QUELLES AMÉLIORATIONS LA LÉGISLATION DES COURS D'EAU SERAIT-ELLE SUSCEPTIBLE ?

OBSERVATIONS SUR LES FRAIS D'INGÉNIEUR,

OU EXAMEN DE L'ARTICLE 75 DU DÉCRET DU 25 AOUT 1804.

FIN DE LA TABLE.

www.ingramcontent.com/pod-product-compliance
Ingram Content Group UK Ltd.
Pitfield, Milton Keynes, MK11 3LW, UK
UKHW031836260826
14628UKWH00001B/412